LÉO MARCHES & GEORGES LIGNEREUX

La petite dame du train bleu

OPÉRETTE EN TROIS ACTES

Musique de Philippe Parès et Georges Van Parys

PARIS
LIBRAIRIE THÉATRALE
3, RUE DE MARIVAUX, 3

LA

PETITE DAME DU TRAIN BLEU

OPÉRETTE EN TROIS ACTES

Représentée pour la première fois à Paris,
au Théâtre de l'ELDORADO, le 22 octobre 1927.

OUVRAGES DE LÉO MARCHÈS

Tartarin sur les alpes (Porte Saint Martin). .	1	broch.
Le train de 8 heures 47 (Nouvel Ambigu) . .	1	—
Candide (Odéon).	1	—
Une petite femme dans le train (Potinière) . .	1	—
La femme au masque (Cluny)	1	—
L'assiette au beurre (Trianon).	1	—
La saison des poires (Nouvel Ambigu)	1	—
Le portefeuille (Capucines)	1	—
Les oies du capitole (Grand Guignol).	1	—
Littérature (Grand Guignol)	1	—
L'homme de la nuit (Grand Guignol)	1	—
Bout-de-banc (Grand Guignol)	1	—
Les trois messieurs du havre (Grand Guignol).	1	—
L'attentat (Grand Guignol).	1	—
La cellule blanche (Grand Guignol)	1	—
Contrainte par corps (Grand Guignol)	1	—
Le bigame (Grand Guignol).	1	—
L'heure légale (Mathurins).	1	—
Adultère (Deux Masques)	1	—

OUVRAGES DE GEORGES LIGNEREUX

Sainte-Odile (Opéra-Comique)	1	broch.
L'Ambassade (Théâtre Réjane)	1	—
Passez muscade (Variétés)	1	—
Le crocodile a des scrupules (Renaissance). .	1	—
Ta petite sœur (Déjazet).	1	—
La fringale (Comédie-Royale)	1	—
La petite maison d'Auteuil (Grand-Guignol) . .	1	—
Flirting girl (Comédie-Royale).	1	—

LÉO MARCHÈS ET GEORGES LIGNEREUX

La petite dame du train bleu

OPÉRETTE EN TROIS ACTES

Musique de Philippe Parès et Georges Van Parys

PARIS
LIBRAIRIE THÉATRALE
3, RUE DE MARIVAUX, 3

1928

PERSONNAGES

POMEROIS, 52 ans.	MM.	MARCEL SIMON.
MARCEL, 35 ans.		JEAN DEVALDE.
EUSÈBE, 30 ans		MORTON.
LHERBIER, 50 ans.		DEILY'S.
IRÈNE, 28 ans.	Mmes	MARIE DUBAS.
ADOLPHINE, 24 ans.		PIERRETTE CAILLOL.
MADAME TRUCHARD, 50 ans . . .		PAULINE CARTON.

LA
PETITE DAME DU TRAIN BLEU

ACTE PREMIER

Un salon, chez Pomerois.
Portes au fond, à droite et à gauche.
A droite, en pan coupé, fenêtre.
Ameublement bourgeoisement élégant.

SCÈNE PREMIÈRE

IRÈNE, POMEROIS, EUSÈBE.

IRÈNE, *entrant de droite, chanté.*

Le thé !

POMEROIS, *entrant de gauche, chanté.*

Le thé !

EUSÈBE, *entrant du fond, chanté. Il porte sur un plateau service à thé et accessoires.*

Le thé !
Célérité
Délicatesse
Et le doigté
Et la justesse,

Je possède sans me vanter
Toutes ces qualités
Mais quelle drôle d'aventure
Pour un mécano sans culture
D'être obligé
D'servir le thé
Quand la soubrette a décampé.

POMEROIS

Servez le thé !
Je suis pressé... !

EUSÈBE

Permettez...
J'ai quelques mots à ajouter :
Quand la soubrett' de la maison
Avec Madame a des raisons
Et s'fait la paire,
C'est au chauffeur que, subito,
Au brave chauffeur de l'auto
On dit : j'espère...

IRÈNE, *pour en finir.*

Mon ami, que, pour nous aider
Vous voudrez bien nous accorder
Double service
Et, sans prendre un air éploré,
Sans vous croire déshonoré,
Passer du garage à l'office...

EUSÈBE, *milieu.*

Et moi qui n'sais rien refuser,
Moi, fidèle comme un caniche,
Depuis dix jours, je sers le thé
A la place de la bonniche !

POMEROIS, *énervé.*

C'est entendu, c'est entendu !

IRÈNE, *agacée.*

Eusèb' vous manquez d'imprévu !

Ensemble.

POMEROIS *et* IRÈNE, *assis.*

Servez le thé
Sans tant parler.
Assez ! Assez !
Assez ! Assez !

EUSÈBE, *qui sert le thé.*

Je sers le thé
Sans trop parler,
Je sers le thé
Oui je sers le thé
Je sers le thé sans parler
Je sers le thé
Et je me tais.

EUSÈBE

Si sans hésiter
Je sers le thé
C'est pour tenter
De vous contenter,
Sans me flatter,
Sans fatuité,
Tout's vos bontés
Sont méritées,
Aussi patientez
Si ma volubilité
A quelque peine à se limiter...
Je sers le thé
Et je me tais !

POMEROIS

Enfin, Eusèbe, vous n'allez pas nous raconter tous les jours la même histoire, nous la connaissons !

EUSÈBE

Possible, mais faut dire les choses qui sont justes : qu'est-ce que Madame et Monsieur deviendraient si j'étais pas là pour faire le maître Jacques, comme dit c't'autre ?

IRÈNE

Ah ! vous avez des lettres ?

EUSÈBE, *sincère.*

Non, Madame. Le concierge n'a pas encore monté le courrier de cinq heures.

IRÈNE

Je veux dire : vous avez de l'instruction ? Vous connaissez vos classiques ?

EUSÈBE, *très digne.*

J'ai servi chez une sociétaire de la Comédie-Française... en sortant du Conservatoire.

IRÈNE

Vous avez été au Conservatoire ?

EUSÈBE

J'pense bien !

IRÈNE

Combien de temps ?

EUSÈBE

Heu ! Un quart d'heure... enfin une après-midi qu'il pleuvait... avec un copain du garage qui avait deux cartes de presse pour le concours de comédie... Alors, en sortant, le copain m'a présenté à son patron, qu'était le bon ami de la sociétaire... Elle cherchait justement un chauffeur. Voilà comment qu'ça c'est fait... Au jour d'aujourd'hui, on n'arrive plus que par relations...

POMEROIS

Je vous remercie, mon ami !

EUSÈBE, *à Irène.*

Madame n'a plus besoin de moi ?

IRÈNE

Pas pour l'instant. Dans une heure, je sortirai avec la voiture !

EUSÈBE

Eh ! ben... vrai de vrai... J'aime mieux ce service-là. *(Il dénoue rapidement son tablier blanc, se coiffe de la casquette qu'il a retirée de sa poche et sort en fredonnant.*)

Je sers le thé
Et je me tais.

SCÈNE II

IRÈNE, POMEROIS, *puis* EUSÈBE.

POMEROIS

Quel insupportable bavard !

IRÈNE, *lui servant le thé.*

Il nous est très dévoué... Encore un peu ?

POMEROIS

Merci... J'aime les dévouements silencieux... surtout quand je suis accablé de besogne comme aujourd'hui !

IRÈNE, *ironique.*

Tu as encore un conseil d'administration, naturellement !

POMEROIS

Deux !... Deux conseils... Les Charbonnages de l'Ouest, les Antidérapants du Centre...

IRÈNE

Sans oublier l'apéritif du Cercle. Et à neuf heures, tu rentreras, empestant le gin et le whisky ?

POMEROIS

Les boissons anglaises sont à la mode... à cause du change... C'est la vie de Paris !

IRÈNE

Elle a bon dos, la vie de Paris ! (*Elle se lève et vient au milieu.*) Tu oublies qu'avant de te connaître, j'ai fait du music-hall. Alors, n'est-ce pas, la vie de Paris, je sais ce que c'est. (*Elle chante.*)

I

La vie de Paris ? Une blague,
Un mot, un bruit mensonger,
Dire qu'ici chacun divague,
C'est le fait d'un étranger.
Mais à Paris comme au village
On peut, quand on le veut vraiment
Goûter chez soi la paix du sage
Tout le reste est boniment !
N'empêche qu'ayant fait la fête
Monsieur qui rentre un peu tard
Ne sait trouver que ce bobard
Pour s'excuser d'être pompette.

Refrain.

C'est Paris
Ma chéri'
Qui m'enivre et m'affole !
C'est Paris
Son sourir'
Qui m'console !
Quand j'ai l'cafard
Sans retard
Je m'transforme en fêtard ;
J'adoucis ma peine
Dans un bar de la Mad'leine ;
Tu me grondes
Furibonde
Et j'en suis fort marri,
Mais l'coupable
Responsable
Qui mérit' tes mépris,
Ma chèr' femme,
Je l'proclame,
C'est Paris, oui c'est Paris,
C'est la vie
En folie
D'Paris.

II

La vie d'Paris ? Pure légende,
Nous n'y pouvons rien changer ;
La Province sent la lavande,
Voire la fleur d'oranger ;
Mais Paris nous offre l'inverse,
A Paris l'air est saturé,
Vous grisant de l'odeur perverse
Des dames de volupté...
Aussi, lorsque, caprice en tête,
Monsieur se sent conquérant,
Il s'en excuse en murmurant
A son épouse qui s'en inquiète :

Refrain.

C'est Paris
Ma chéri'
Qui m'enivre et m'affole,
C'est Paris
Ses houris
Qui m'consolent
Quand j'ai d'cafard
Sans retard
Je m'transforme en fêtard,
J'adoucis ma peine
Chez Lucette ou chez Mad'leine ;
Tu me grondes
Furibonde
Et j'en suis fort marri,
Mais l'coupable
Responsable
Qui mérit' tes mépris
Ma chèr' femme,
Je l'proclame
C'est Paris, oui c'est Paris,
C'est la vie
En folie
D'Paris.

POMEROIS, *parlé, pendant qu'Irène s'assied, fauteuil gauche.*

Tu diras ce que tu voudras, à notre époque, les grosses affaires se traitent au Cercle... et au bar... et quelques bonnes petites combines que je réussis me permettent d'attendre patiemment l'héritage de ta tante Verduret...

IRÈNE, *sévère.*

Philippe !

POMEROIS

Les millions de la moutarde Verduret, la seule qui ne verdisse pas en vieillissant... seulement, elle se cramponne, la tante Verduret !

IRÈNE, *même jeu.*

Je t'en prie !

POMEROIS

C'est vrai, voyons ! elle a quatre-vingt-trois ans !

IRÈNE

Quatre-vingt deux !

POMEROIS

Enfin, quatre-vingt-deux ou quatre-vingt-trois, c'est un manque de tact ! Il y a des gens qui ne savent pas s'en aller !... A ce propos, quand repart-elle pour Dijon ?

IRÈNE

D'un jour à l'autre... J'attends d'elle un coup de téléphone... Il est convenu que, ce jour-là, j'irai l'accompagner à la gare de Lyon, nous dînerons ensemble au buffet et je l'installerai moi-même dans son compartiment.

POMEROIS

Touchante attention... Et, naturellement, elle n'a pas parlé de m'inviter à cette petite fête ?

IRÈNE

Non, mon ami, elle n'en a pas parlé !

POMEROIS

Parbleu !... Elle ne peut pas me sentir ! ?... Pourquoi ? je me le demande ?

IRÈNE

En tout cas, si tu tiens à ses millions, le mieux, c'est de te faire oublier !

POMEROIS

Tu peux être tranquille et je n'insiste nullement pour t'accompagner. (*Entre de gauche Eusèbe qui descend au milieu.*)

EUSÈBE, *à Irène.*

Madame, c'est une femme de chambre qui vient de la part du bureau. (*Irène se lève et remonte au fond.*)

IRÈNE

C'est bien... faites attendre !

EUSÈBE *s'assied sur le bras du fauteuil.*

Bon, on va la faire attendre !

POMEROIS, *remontant à la fenêtre.*

Encore une !... Enfin, espérons que tu seras plus heureuse avec celle-là qu'avec les autres. (*Redescendant, à Irène qu'il embrasse.*) Je file, à ce soir, ma chérie... Oh ! (*Il sort fond.*)

IRÈNE

Eh bien, Eusèbe !

EUSÈBE

Quoi ?

IRÈNE

Eh bien, faites entrer !

EUSÈBE

Qui donc ?

IRÈNE

La femme de chambre !

EUSÈBE

Bon, j'vas la faire entrer ! (*Il va ouvrir la porte. Entre Adolphine.*)

IRÈNE

Entrez, ma fille, entrez !

EUSÈBE

Entrez, sa fille, entrez !

IRÈNE

Eusèbe !

EUSÈBE

Hein !

IRÈNE

Laissez-nous !

EUSÈBE

Ah ! oui, au fait... (*Regarde Adolphine en faisant un mouvement tournant, et en remontant pour sortir, deuxième plan, droite.*) Elle n'est pas mal !

SCÈNE III

IRÈNE, ADOLPHINE.

IRÈNE, *assise fauteuil.*

C'est le bureau Jeanne-d'Arc qui vous envoie ?

ADOLPHINE

Oui, Madame... Voilà ma fiche !

IRÈNE, *tout en examinant le papier.*

Vous vous appelez Adolphine Herbaut ?

ADOLPHINE

Oui, Madame !

IRÈNE

Quel âge avez-vous ?

ADOLPHINE

Vingt-quatre ans !

IRÈNE

Vous êtes au courant du service de femme de chambre ?

ADOLPHINE

Je puis affirmer à Madame que Madame sera satisfaite !

IRÈNE

Je ne demande qu'à l'être et j'espère que vous le serez aussi !

ADOLPHINE

Madame doit bien penser qu'avant de venir, j'ai pris quelques renseignements !

IRÈNE, *légèrement ironique.*

C'est trop juste. Alors vous a-t-on dit que je n'étais pas regardante et que je donnais deux robes par an, un chapeau par saison et mon linge avant qu'il ne soit défraîchi ?

ADOLPHINE

Je remercie beaucoup Madame... Mais je suis habituée à mes fournisseurs !

IRÈNE, *un peu ironique.*

J'en prends bonne note... Il ne nous reste plus qu'à nous entendre sur les conditions... Jusqu'ici, j'ai toujours...

ADOLPHINE, *l'interrompant.*

Si Madame veut bien me permettre... (*Elle ouvre son sac et en tire un papier qu'elle tend à Irène.*)

IRÈNE

Qu'est-ce que c'est que ce papier ?

ADOLPHINE

Une petite liste des choses que je désire... J'ai noté à l'avance pour être sûre de ne rien oublier !

IRÈNE, *parcourant des yeux.*

Gages... vin... sorties... cinéma... dancing... en effet, tout m'a l'air d'avoir été prévu... C'est très pratique !

ADOLPHINE

Oh ! c'est moderne !

IRÈNE

Nous sommes d'accord et je vous engage...

ADOLPHINE

Adolphine !

IRÈNE

Adolphine, vous me plaisez beaucoup !

ADOLPHINE

C'est réciproque...

IRÈNE

Eh bien ?

ADOLPHINE, *réfléchissant en dégageant d'un pas.*

Mais il y a tout de même un tout petit point encore à élucider !

IRÈNE

Lequel ?

ADOLPHINE

Madame... Madame n'a pas d'amant ?

IRÈNE, *suffoquée.*

Vous dites ?

ADOLPHINE, *se méprenant sur le sens de l'exclamation.*

Cette indignation me rassure...

IRÈNE

Allons ! tant mieux...

ADOLPHINE

Oh ! oui... Car, il me serait impossible de servir chez un cocu... Je veux vivre dans une maison honnête... absolument honnête...

IRÈNE, *prenant le parti d'en rire.*

Ça, par exemple !

ADOLPHINE

Une maison aussi honnête que moi-même.

IRÈNE

Eh oui !... C'est entendu !

ADOLPHINE

Bien. La parole de Madame me suffit ! (*Entre Eusèbe du fond.*)

SCÈNE IV

Les Mêmes, EUSÈBE.

EUSÈBE, *l'air un peu surpris.*

Madame ! (*A Adolphine.*) Je vous demande pardon !

IRÈNE

Qu'y a-t-il ?

EUSÈBE

C'est Monsieur !

IRÈNE, *vivement.*

Monsieur ?... Il se fait annoncer, maintenant ?

EUSÈBE

Mais non, Madame !... Il ne s'agit pas de Monsieur « Monsieur »... Il s'agit de... monsieur...

IRÈNE

Monsieur ?

EUSÈBE

Monsieur... (*Il s'arrête, gêné.*)

IRÈNE

Mais parlez donc !

EUSÈBE

Ah ! ah ! quoi ! Monsieur... Marcel !

IRÈNE, *troublée.*

Ah !

EUSÈBE

Il demande si Madame peut le recevoir.

IRÈNE

Mais... (*Sentant peser sur elle le regard d'Adolphine et d'un ton qu'elle s'efforce de rendre naturel.*) Mais certainement...

EUSÈBE

C'est ce que je lui ai dit...

IRÈNE, *à Adolphine.*

Allez trouver la cuisinière au fond du corridor...

EUSÈBE

A droite !

IRÈNE

Vous lui direz de ma part que, comme elle n'a pas eu de congé depuis dix jours, elle pourra s'absenter jusqu'à demain.

EUSÈBE

A midi...

IRÈNE

Pour ce soir, nous nous contenterons d'un repas froid, poulet, foie gras, une tarte, des fruits !

EUSÈBE

Mais oui, ça suffira !

ADOLPHINE

J'y vais, Madame ! (*Elle va pour sortir et s'arrête.*)

IRÈNE

Alors ?...

ADOLPHINE

Madame est sûre de ne pas avoir d'amant ?

EUSÈBE

Oh ! maman ! (*Remonte fond.*)

IRÈNE, *agacée, cette fois.*

Ah ! je vous en prie !

ADOLPHINE

Bien, Madame ! J'ai la parole de Madame. (*Elle sort à gauche.*)

IRÈNE

Eusèbe !

EUSÈBE, *redescendant un peu.*

Hein !

IRÈNE

Eh bien, faites entrer !

EUSÈBE

Qui ça ?

IRÈNE

Mais, monsieur Marcel !

EUSÈBE

Ah ! oui, au fait ! (*Remonte deuxième plan gauche. Appelant.*) Hep ! (*Marcel entre.*) Contact !

MARCEL

Quoi ?

EUSÈBE

Contact... Eh bien, rentrez ! (*Descendant milieu.*) Le v'là c't'amour !

IRÈNE

Eusèbe !

EUSÈBE

Quoi ?

IRÈNE

Laissez-nous !

EUSÈBE

Ah ! oui, au fait ! (*Remonte pour sortir, deuxième plan gauche.*) Ça va gazer !

SCÈNE V

IRÈNE, MARCEL.

IRÈNE

Toi !... Chez moi !... Tu es fou !

MARCEL, *se précipitant dans les bras d'Irène et l'embrassant.*

Fou de joie après avoir été fou d'impatience ! Quatre jours sans toi !...

IRÈNE

Je ne te réponds pas !... Va-t'en !...

MARCEL, *s'asseyant.*

Jamais !

IRÈNE

Je t'en supplie... Si mon mari rentrait...

MARCEL

Il ne me connaît pas. Ça n'a pas d'importance. Tu diras que je suis le placier en vins, l'agent d'assurances ou le contrôleur des contributions !

IRÈNE

Écoute, mon petit Marcel, tu vas me faire le plaisir de filer tout de suite !

MARCEL, *la prenant par les mains.*

Avec toi. Le taxi piaffe à la porte, il nous emmènera dans ma garçonnière aux divans profonds comme des tombeaux !

IRÈNE, *se dégageant, extrême droite.*

Impossible ! J'ai un essayage chez les sœurs Poule !

MARCEL

Laisse-le tomber !

IRÈNE

On voit bien que tu ne connais pas la première ! Elle est d'une sévérité !

MARCEL, *insistant.*

Irène !

IRÈNE, *se dégageant.*

Non, non, pas aujourd'hui... Je t'assure, demain, je te le promets... demain !

MARCEL, *ironique.*

Non. Demain, ça ne prend plus ! Des promesses ! On en vit, des promesses ! Ça ne me suffit pas, car moi, de l'amour, il m'en faut ! (*Il chante, milieu.*)

I

Il est des amoureux insipides
Mous et placides
N'ayant aucun ressort,
Ils mèn'nt un' bonn' petit' vie tranquille

Sans s'fair' de bile
Toujours contents d'leur sort ;
Poireautant au rendez-vous,
S'ils voient qu'ils sont dans les choux,
Au lieu de prendre un air lamentable
Ils dis'nt en s'frottant les mains :
Chic ! On s'repose jusqu'à d'main !
Dormir seul, que c'est donc agréable !

Refrain.

Mais je n'ai pas un' nature aussi sage,
Je t'aime comme un fou un sauvage
Et tant pis si cela te paraît un défaut
Moi d'l'amour, il m'en faut !
Je n'peux pas m'satisfair' de promesses
Pas plus que d'irréelles caresses,
Pour t'avoir tous les jours je risqu'rais l'échafaud !
Moi d'l'amour, il m'en faut !

II

Ton mari n'est pas là, ma jolie,
Ce s'rait folie
De n'pas en profiter.
Ferme les yeux ! moi, je ferm' la porte
Et je t'emporte
Sans qu'tu puiss's résister.
A pein' monté dans l'taxi
Je te réduis à merci,
En deux temps tu es chavirée :
Mais dans mon p'tit entresol,
Ralentissant notre vol,
Nous battrons l'record de la durée.

Refrain.

Ce n'est plus de l'amour, c'est d'la rage,
Je me sens comme un fou, comme un sauvage !

Et tant pis si cela te paraît un défaut
Moi d'l'amour, il m'en faut !
Je n'peux pas m'satisfair' de promesses
Pas plus que d'irréelles caresses
Pour t'avoir tous les jours je risqu'rais l'échafaud.
Moi d'l'amour, il m'en faut !

(*Marcel prend Irène dans ses bras et l'embrasse.*)

IRÈNE, *parlé.*

Allons, un peu de patience, petit affamé !...

MARCEL

Ah ! quand t'aurai-je à moi toute une nuit !... toute une longue et belle nuit !

IRÈNE, *avec regret.*

Tu sais bien que c'est un rêve irréalisable !

MARCEL, *avec énergie, mais dégageant légèrement à gauche.*

Il n'y a pas de rêves irréalisables... Il n'y a que des rêves qu'on n'a pas le courage de réaliser... Non, vraiment, tu ne te rends pas compte suffisamment des tours de force qu'il me faut accomplir pour me rendre libre l'après-midi !

IRÈNE

Oh ! pourtant, mon chéri, on m'a toujours dit que les fonctionnaires...

MARCEL

Les fonctionnaires, je ne dis pas, mais moi, je suis chef de cabinet du ministre des Travaux publics !

IRÈNE

Mon pauvre coco ! (*Sonnerie de téléphone.*)

MARCEL *s'assied sur un fauteuil, d'un air dégagé.*

Je ne sais pas si vous êtes de mon avis, mais il pleuvrait ce soir que je ne serais pas autrement surpris !

IRÈNE

Non, ne te fatigue pas, c'est le téléphone... J'y vais !

MARCEL, *la retenant par la main.*

Non ! ça doit être pour moi ; on ne peut pas être deux minutes tranquille !

IRÈNE, *effrayée.*

Tu n'as pas, je suppose, donné mon numéro au ministère !

MARCEL, *passant au téléphone.*

Si... avant de monter chez toi... j'ai téléphoné d'un café pour prévenir qu'on m'appelle ici en cas d'imprévu... Gouverner c'est prévoir... (*Prend le récepteur.*) Quoi !... Qu'est-ce que vous racontez... Mais alors, vous n'êtes pas le Ministre ?... Alors, qu'est-ce que vous voulez ?... Eh bien ! on le dit, espèce d'andouille !... C'est ta tante Verduret ! (*Pendant cette tirade, Marcel s'assied à droite table, et prend Irène sur ses genoux voulant l'embrasser.*)

IRÈNE

Allo... Bonjour ma tante... Comment allez-vous ?... Pas possible !... Oh ! mais je vais lui en faire l'observation tout de suite... Les domestiques aujourd'hui se croient tout permis... Oui, ils sont... ils sont... (*Se pâmant sur les genoux de Marcel qui l'embrasse.*) Ils sont... mais non, ma tante, je ne suis pas malade... Ils sont insolents... comme des fonctionnaires !

MARCEL

A moi touché !

IRÈNE

Vous partez ce soir ?... Non, ma tante. Retirez-vous, il y a quelqu'un sur la ligne. Allez-vous-en, Monsieur, je vais vous gifler... (*Elle le gifle.*)

MARCEL, *causant dans le récepteur.*

Élysée 24-02... C'est la Santé ?... Ici, Ministère de l'Intérieur... Relâchez immédiatement M. Poincaré ! Retirez-vous, Madame... C'est la morgue... Mais non, Madame... Je n'en ferai rien... Oui, Madame... Oh ! Madame !...

IRÈNE, *seule.*

Mais certainement, ma chère tante, je veux vous mettre en wagon, je serai à la gare dans un quart d'heure. Au revoir, ma tante ! (*Elle raccroche et sonne. A Marcel.*) Chéri, je ne te mets pas à la porte...

MARCEL, *la prenant dans ses bras.*

Mais tu m'invites à la prendre ! (*Il la prend et l'embrasse longuement pendant la phrase qui suit.*)

IRÈNE

Tu n'aurais tout de même pas l'intention d'attendre ici le retour de mon mari ! (*Adolphine entre de droite, les voit s'embrasser, frappe doucement sur la table.*)

MARCEL, *s'asseyant sur le fauteuil.*

Je ne sais pas si vous êtes de mon avis, mais il pleuvrait ce soir que je n'en serais aps autrement surpris.

IRÈNE, *à Adolphine.*

Eusèbe est revenu ?

ADOLPHINE

Oui, Madame, l'auto est en bas !

IRÈNE

Vous savez où se trouve ma chambre ?

ADOLPHINE

Oui, Madame !

IRÈNE

Alors, vous verrez, sur mon lit, mon chapeau, mes gants, mon manteau, mon sac... Apportez-moi tout ça... Ah !... et puis, pendant que j'y pense, quand Monsieur rentrera, vous lui direz que ma tante m'a téléphoné et que je l'ai accompagnée à la gare... (*Après une courte hésitation.*) Et vous ajouterez que je dîne avec elle... Monsieur est au courant, il comprendra...

ADOLPHINE

Ah ! bien, Madame ! (*Elle sort à droite.*)

MARCEL

Ah ! que tu es gentille !

IRÈNE, *simulant l'étonnement.*

Moi ?... Pourquoi ?...

MARCEL

Nous allons dîner ensemble !

IRÈNE

Oh ! oh ! ! !

MARCEL

Ah ! tu ne vas pas me refuser ça ?

IRÈNE, *l'embrassant.*

Non, grand fou... Tu vois, quand tu me demandes quelque chose de raisonnable, je te l'accorde tout de suite !

MARCEL

Et ensuite, dodo tous les deux !

IRÈNE

Oh ! ça non ! Oh ! ça non ! Oh ! ça non !

MARCEL

Oh ! ça si ! Oh ! ça si ! Oh ! si ça !

IRÈNE

Non, c'est impossible !

MARCEL

Parce que tu ne m'aimes pas !

IRÈNE

Je te défends de parler ainsi. Tu le sais bien que je t'aime. Et j'y ai quelque mérite, dans ma situation...

Ah ! tout n'est pas rose pour les femmes mariées... qui ont un amant !

COUPLETS

I

Hélas ! pauvres femmes du monde,
Nous ignorons c'qui nous attend,

L'histoire en misère est féconde.
Lorsque nous prenons un amant.
Si l'on savait les conjonctures
Où l'on se trouve quelquefois,
Avant de tenter l'aventure
On y r'garderait à deux fois.

Refrain.

Quand on trompe son mari
Pour fair' comm' tout l'monde
Sur vous bientôt fondent
Des tas d'ennuis.
Lorsqu'on prend un amant
Pour suivre la mode
C'est bien incommode
Et très gênant !
Mieux vaudrait, c'est certain
Fair' de la tapisserie
Dir' des inepties
Sur son prochain
Mais une femme à Paris
N'peut pas rester sage,
C'est pour être à la page
Qu'on tromp' son mari.

II

Vertu ! Vertu !... Un sage antique
Disait jadis : Tu n'es qu'un mot.
Et très pourvu de sens pratique
Ce sage n'était pas un sot.
A Paris une épous' fidèle
Est la très rare exception
Partout nous guette la bagatelle
Y a trop d'occasions.

Refrain.

(Danse sur l'air du refrain.)
(A la fin de la danse.)

Ensemble.

C'est pour être à la page
Qu'on trompe son mari.

MARCEL, *milieu n° 1.*

C'est une occasion, pour ce soir, j'ai l'idée d'un truc épatant ! Voilà !

IRÈNE

Pas le temps !

MARCEL

Bon ! Je t'attendrai à la sortie du quai. (*Remonte fond.*)

IRÈNE

Au bout !

MARCEL

Quoi ?

IRÈNE

Au bout du quai... En attendant, file... ou plutôt, non, reste... et quand ma nouvelle femme de chambre entrera, tu me feras des adieux très corrects... très solennels...

MARCEL

Pourquoi ça ?

SCÈNE VI

LES MÊMES, ADOLPHINE.

IRÈNE

Chut ! La voici ! (*Entre Adolphine portant manteau, chapeau, gants, sac. A Marcel, très cérémonieusement.*) Alors, Monsieur, au revoir !

MARCEL, *même jeu.*

Mes hommages, Madame... et mon très respectueux souvenir à M. Pomerois...

IRÈNE

Je n'y manquerai pas... Encore une fois, excusez-moi... ce coup de téléphone...

MARCEL

C'est moi qui m'excuse d'avoir abusé de vos instants !

IRÈNE

Je vous reconduis...

MARCEL

Non ! non ! je vous en prie, je connais le chemin.

IRÈNE

Oh ! non, je ne permettrai pas ! (*Mouvement de sortie.*)

MARCEL

Non ! Non !... Je connais le chemin... (*Saluant encore.*) Ne vous dérangez pas... Madame ! (*Il sort au fond.*)

IRÈNE

Au revoir, cher Monsieur ! Au revoir ! (*Sort un instant, troisième plan gauche.*)

SCÈNE VII

IRÈNE, ADOLPHINE.

IRÈNE *rentre aussitôt, regarde un instant Adolphine du coin de l'œil.*

Aidez-moi à passer ce manteau.

ADOLPHINE, *sans bouger, sans la regarder.*

Madame me fait beaucoup de peine.

IRÈNE

Moi ?...

ADOLPHINE

Mais oui, Madame a un petit ami.

IRÈNE

Encore ?

ADOLPHINE

Et ce petit ami, c'est le monsieur qui sort d'ici.

IRÈNE

Vous écoutez donc aux portes ?

ADOLPHINE

J'aurais donc pu entendre !

IRÈNE, *se rendant compte de la gaffe et cherchant à la rattraper.*

Mais comprenez donc une bonne fois...

ADOLPHINE

Oh ! c'est tout compris...

IRÈNE

Eh ! bien, oui, j'ai... une liaison !

ADOLPHINE

Oh ! quel dommage !

IRÈNE

Maintenant, si vos principes ne vous permettent pas de rester à mon service... Eh bien, que voulez-vous que je vous dise ?... Partez !

ADOLPHINE

Non, Madame, je ne partirai pas... car Madame m'est très sympathique... Mais, tout de même, c'est un peu triste... Qu'il est donc difficile de trouver une maison honnête !

IRÈNE

Dans votre dernière place, votre maîtresse avait aussi un amant ?

ADOLPHINE

Non, Madame !

IRÈNE

Alors ?

ADOLPHINE

Elle en avait une trentaine !

IRÈNE

Oh ! oh !

ADOLPHINE

C'était une poule. Gismonda qu'on l'appelait !

IRÈNE

Quelle horreur ! J'ose espérer que vous constaterez ici une certaine différence... à mon avantage !

ADOLPHINE

C'est déjà fait, Madame... c'est pourquoi je reste !

IRÈNE

Eh bien, Adolphine, puisque vous restez, n'oubliez pas de faire à Monsieur la commission dont je vous ai chargée.

ADOLPHINE

Madame peut compter sur moi... (*Avec un soupir.*) Puisqu'il le faut, je mentirai à Monsieur.

IRÈNE, *vivement.*

Mais il n'y a là aucun mensonge !... J'accompagne réellement ma tante à la gare !

ADOLPHINE, *avec un sourire.*

Et Madame dîne réellement avec monsieur Marcel ?

IRÈNE

Décidément, Adolphine, vous êtes très intelligente... et... avec moi... vous n'aurez pas à le regretter...

ADOLPHINE

Que Madame ne se méprenne pas sur mon compte... Je ne suis pas une femme d'argent... On ne m'achète pas... Je me donne !

IRÈNE, *riant.*

Eh bien, c'est entendu, je vous prends...

ADOLPHINE

Merci ! (*Dégage à droite.*)

IRÈNE

Mais, vous savez, Adolphine, vous n'êtes pas un numéro ordinaire !

ADOLPHINE

On me l'a déjà dit, Madame !

IRÈNE

Quelle drôle de fille ! (*Elle va pour partir au fond, quand la porte s'ouvre. Entre Pomerois, de gauche.*)

SCÈNE VIII

LES MÊMES, POMEROIS.

IRÈNE, *à Pomerois, au fond gauche.*

Comment ! Toi ?... Déjà ?...

POMEROIS, *entrant.*

Le conseil des Antidérapants n'a pas eu lieu... le président n'a pas pu venir... Il accouchait...

IRÈNE

Comment ça ?... Il accouchait ?...

POMEROIS

Il accouchait sa femme... Il est médecin... Alors, je suis passé au Cercle... Il n'y avait, pour ainsi dire, personne... J'ai décidé de rentrer... Pour une fois, nous dînerons ensemble, de bonne heure !

IRÈNE

Ça, c'est réussi !... Figure-toi que ma tante m'a téléphoné... Elle part ce soir par le train bleu, à huit heures dix. Je vais la rejoindre à la gare, comme convenu... c'est désolant, mais il faut que je t'abandonne... Enfin, en mon absence, Adolphine va bien te soigner...

POMEROIS

Qu'est-ce que c'est que ça, Adolphine ?

IRÈNE

La nouvelle femme de chambre ! (*Entre Adolphine.*)

ADOLPHINE

Madame a sonné ?

POMEROIS, *à Irène, après avoir réprimé un tressaillement de surprise.*

Ah ?... C'est...

IRÈNE

Adolphine, je m'en vais ! Vous soignerez bien Monsieur. (*A Pomerois.*) A tout à l'heure ! Eh bien, embrasse-moi !

POMEROIS, *troublé par la présence d'Adolphine.*

Que je t'embrasse ?

IRÈNE

Mais oui !

POMEROIS

Ah ! bon !

IRÈNE

Je reviendrai le plus vite possible !

POMEROIS

Où vas-tu ?

IRÈNE

Mais à la gare !

POMEROIS, *se levant et l'accompagnant.*

Oh ! oui. Eh bien, va, va à la gare, ma chérie !

IRÈNE

Oui, à bientôt ! (*Sort par le fond.*)

SCÈNE IX

ADOLPHINE, POMEROIS.

POMEROIS, *allant regarder au fond pour s'assurer que sa femme est bien partie. Éclatant de rire.*

Bobinette !... Ça, par exemple !

ADOLPHINE, *vivement, lui faisant signe de se taire.*

Chut ! Si Madame avait oublié quelque chose !

POMEROIS, *bas.*

Écoute ! (*Bruit de moteur. Il va à la fenêtre et regarde dans la rue, en soulevant légèrement un rideau.*) La voiture s'en va ! (*On entend un bruit de moteur.*) La voilà partie !

ADOLPHINE, *comme à elle-même, l'air navré.*

Comme ça, c'est gagné !

POMEROIS, *revenant vers elle.*

Ma petite Bobinette !

ADOLPHINE

Comment que Monsieur m'appelle ?

POMEROIS

Bobinette... C'est un petit nom d'amitié que je t'avais donné... chaque fois que j'allais chez cette rosse de Gismonda, c'était toi qui m'ouvrais la porte... Alors... tu te rappelles bien le petit Chaperon rouge ?... Tirez la chevillette et la bobinette cherra... Voilà... et maintenant, ma jolie Bobinette !

ADOLPHINE, *très digne.*

Adolphine !

POMEROIS

Si tu veux... M'expliqueras-tu, ma jolie Adolphine, comment il se fait que je te retrouve installée chez moi, en qualité de femme de chambre ?

ADOLPHINE

Oh ! c'est bien simple... Chez la Gismonda, le service était trop fatigant...

POMEROIS

Pourquoi ?

ADOLPHINE

Quand elle était sortie... ces messieurs me demandaient de la remplacer...

POMEROIS

J'en sais quelque chose...

ADOLPHINE

Si Monsieur veut me faire plaisir, Monsieur effacera ce souvenir-là de sa mémoire !

POMEROIS

Pourquoi ?... En voilà une idée !

ADOLPHINE

Je ne suis plus la même, aujourd'hui... Bobinette n'existe plus. C'est Adolphine qui lui a succédé... et Adolphine a renoncé à la bagatelle !

POMEROIS

Qu'est-ce que tu me chantes là ?

ADOLPHINE

La vérité, c'est qu'à force de vivre dans l'amour, j'ai fini par être complètement écœurée... C'est comme les pâtissiers qui sont dégoûtés des choux à la crème... (*Elle passe n° 2.*) Alors, un beau matin, je suis partie... J'avais soif d'air pur et d'honnêteté !

POMEROIS

Non ?

ADOLPHINE

Et j'ai cherché une maison où je n'aurais eu, autour de moi, que de bons exemples, où la femme, par exemple, n'aurait pas trompé son mari... Eh bien, je n'en ai pas trouvé une seule !

POMEROIS

Hein ?... Mais j'espère bien que ma femme ne me trompe pas !

ADOLPHINE

Madame a l'air d'aimer beaucoup Monsieur... Mais c'est Monsieur qui trompe Madame... Je suis payée pour le savoir... et ça alors, c'est aussi dégoûtant !

POMEROIS

Eh ! pas si dégoûtant que ça !

ADOLPHINE

Monsieur avouera qu'il y a vraiment de quoi être découragée !

POMEROIS, *sentencieusement.*

Adolphine, ma petite Adolphine... Ce qu'on ne peut empêcher, il faut l'accepter... Eh bien, le monde est comme ça...

ADOLPHINE

Je le vois bien !

POMEROIS

Et pour le changer, il n'y a rien à faire !

ADOLPHINE

J'aurais pourtant bien voulu devenir honnête !

POMEROIS

Ce sera pour une autre fois... L'heure n'est plus aux paroles mais aux actes ! En avant ! Viens !

ADOLPHINE

Où ça ?

POMEROIS

Dans ma chambre !

ADOLPHINE

Et Madame qui peut rentrer d'un moment à l'autre !

POMEROIS, *refroidi, s'excitant à nouveau.*

Alors, dans la tienne ?... *(Il la prend par la taille.)*

ADOLPHINE

Non ! Non !

POMEROIS

Oh ! si ! Oh ! si !

ADOLPHINE

Non, voyons, et Madame ?

POMEROIS

Allons, allons, voyons, ma chérie ! (*Lui parle bas à l'oreille.*)

ADOLPHINE

Oh ! oh ! oh !

POMEROIS

Allez ! allez ! allez !

ADOLPHINE

Eh bien, oui là... cette nuit... (*Avec une pointe de regret.*) Allons ! ce ne sera pas encore pour cette place-ci, l'honnêteté... (*Prenant gaiement son parti.*) Alors ! zut ! pour l'honnêteté ! (*On entend un coup de sonnette.*) On a sonné, faut-il ouvrir ?

POMEROIS

Oui, va ouvrir ! Voilà un crétin qui n'a pas l'esprit d'à-propos ! (*Nouveau coup de sonnette.*) Mais envoie-le aux bains... et reviens !... Reviens tout de suite ! (*Elle sort au fond.*)

SCÈNE X

POMEROIS, *seul, puis* LHERBIER, *puis* ADOLPHINE.

On entend derrière la porte un bruit confus de voix, comme une discussion. Brouhaha. La porte de gauche s'ouvre. Entre Jacques Lherbier.

LHERBIER

Ah ! ça ! on se paie ma tête, ici !

POMEROIS

Laissez-nous, Adolphine... Tiens, ce vieux Jacques... La bonne surprise !

LHERBIER

Alors, tu t'enfermes ! Tu consignes ta porte ! Que signifie ?

POMEROIS

Je te raconterai... Tu penses bien que si j'avais su que c'était toi, je t'aurais reçu tout de suite !

LHERBIER

J'accepte tes excuses et je t'emmène au Cercle !

POMEROIS

Ah ! non, mon cher, pas ce soir ! Ce soir, je reste chez moi !

LHERBIER

Allons donc ! Monsieur se range ? Monsieur a acheté une conduite... Monsieur n'a plus la permission de minuit ?

POMEROIS, *s'asseyant.*

Tais-toi, vieux, tu vas rigoler !

LHERBIER

Je ne demande pas mieux, mais pas ici. Fais-moi le plaisir de coiffer ta jolie tête d'un chapeau, d'envelopper ton corps gracile dans un pardessus, et si le tripot ne te dit rien, viens, viens avec moi, petit, viens...

POMEROIS

Où ça ?

LHERBIER

A Montmartre ! dans quelque cabaret fleuri de femmes luxueuses et impures !

POMEROIS

Tais-toi, je te dis, j'ai mieux que ça sous ma couverture !

LHERBIER

Tu blagues ?... Un revenez-y avec ta légitime ?... En ce cas, je me trotte, elle ne m'a pas à la bonne !

POMEROIS

Parbleu ! Elle s'imagine que tu me débauches !

LHERBIER

O candeur !... Toujours jalouse ?

POMEROIS

Une tigresse. Mais j'ai trouvé un truc, mon vieux, épatant. Elle n'y verra que du feu. Je vais te raconter ça avant qu'elle ne rentre... Elle est allée à la gare de Lyon avec sa tante Verduret, qui repart pour Dijon par le train bleu !

LHERBIER

Raconte si tu veux, mais fais vite. Je n'ai pas l'intention de moisir ici, je suis en train et il faut absolument que je déniche une petite femme avenante et peu farouche !

POMEROIS

Connais-tu cette fable de La Fontaine : L'homme qui court après la fortune et celui qui l'attend dans son lit ?

LHERBIER

Je l'ai connue vaguement... dans ma jeunesse...

POMEROIS

C'est notre histoire à tous deux. Toi, tu cours après la petite femme et tu ne l'attrapes pas, moi, je l'attends dans mon lit... et elle vient sans que lui demande rien !

LHERBIER

Je cours après les femmes, moi !

POMEROIS

Mais oui !

LHERBIER

Penses-tu ?

COUPLETS

I

LHERBIER

Implorer les femmes

POMEROIS

Mauvais moyen,
Plus on réclame,
Moins on obtient.

POMEROIS

Moi, j'attends qu'ell's passent
Car j'suis pas fier.

LHERBIER

Et tu les ramasses
A la cuiller.

Refrain.

Je n'sais pas pourquoi
Tout's les femm's sont foll's de moi,
J'ai ce je n'sais quoi
Qui les met tout's en émoi
Quelqu' chos' qui les attache
Sourir' moqueur, et l'air bravache

POMEROIS

Vache,
Caustique et narquois.

LHERBIER

Mais si l'un' te dit
Je suis à toi mon chéri

POMEROIS

Je lui lâche aussitôt
Un tas de p'tits noms d'oiseaux.

LHERBIER

Quand même
Elle' jur' qu'ell' m'aime
Je n'sais pas ma foi
Pourquoi, pourquoi.

POMEROIS

Quand même
Il jure qu'il l'aime
Il n'sait pas ma foi
Pourquoi! Pourquoi.

II

LHERBIER

J'nai rien d'un Lov'lace

POMEROIS

D'un beau garçon.

LHERBIER

Je suis de glace

POMEROIS

T'as l'air d'un...

POMEROIS

Non, la semaine ma vieill' branche
Je les ai comme ça !

POMEROIS

Oui, mais l'dimanche gaga gaga !

(Au refrain.)
Après le refrain :

POMEROIS

Eh bien, mon vieux, si tu ne le sais pas, toi, personne ne le saura. *(On frappe à la porte.)* Qu'est-ce que c'est ?

ADOLPHINE, *entrant.*

Monsieur, c'est le chauffeur !

POMEROIS

Zut ! Ma femme !...

ADOLPHINE

Il est revenu sans Madame... Il voudrait dire un mot à Monsieur !

POMEROIS

Le chauffeur est revenu sans Madame ! Que se passe-t-il ?

SCÈNE XI

LES MÊMES, EUSÈBE.

EUSÈBE, *entrant.*

Vous tourmentez pas, patron... J'vas vous expliquer...

POMEROIS

Où est ma femme ? Il lui est arrivé quelque chose ?

EUSÈBE

Mais non, rien de rien que je vous dis. V'là la chose, tout comme c'est qu'ça s'est passé. La voiture était en bas. Alors on est arrivé à la gare de...

POMEROIS, *qui s'exaspère.*

De Lyon !

EUSÈBE

J'allais l'dire... Madame là Tante...

POMEROIS

Verduret !

EUSÈBE

Verduret. J'allais le dire, nous attendait... Ces dames ont dîné en vitesse au...

POMEROIS

Au buffet !

EUSÈBE

Au buffet, c'est là que je disais aussi ; nécessairement, j'ai cassé la croûte chez le bistro, j'ai mangé des choux au lard.

POMEROIS

Passez ! Passez !...

EUSÈBE

Précisément, ça ne passe pas !

POMEROIS

Eh bien, ça passera !

EUSÈBE

J'espère bien que ça passera. Alors, j'ai accompagné ces deux dames jusqu'au...

POMEROIS

Wagon...

EUSÈBE

Non, au compartiment, en portant les petits bagages !

POMEROIS

Et puis..., abrégez, voyons !

EUSÈBE

Attendez ! La tante Verduret !

POMEROIS

Verduret !

EUSÈBE

J'allais le dire, s'est installée dans son...

POMEROIS

Compartiment !

EUSÈBE

Wagon-lit avec sa dame de compagnie et Madame est montée à côté d'elle, pendant que je faisais les cent pas sur le...

POMEROIS

Quai...

EUSÈBE

Quai ! nécessairement !

POMEROIS

Au fait, arrivez au fait !

EUSÈBE

M'y v'là... Tout à coup, le train a parti...

POMEROIS

Ben oui...

EUSÈBE

Non, mais il a parti sans crier gare... c'est le cas de le dire... (*Il rit bêtement.*)

POMEROIS

Et Madame ?

EUSÈBE

Madame était dans le... compartiment, nécessairement !

POMEROIS, *au comble de l'exaspération.*

Madame est descendue du train en marche et elle est tombée. Elle a une jambe démise, fracturée, peut-être ?... C'est ça, n'est-ce pas ? Mais dites-le donc ?

EUSÈBE

Pas du tout... Elle a voulu descendre. Mais le...

POMEROIS

Wagon...

EUSÈBE

Compartiment du lit-salin... lon... était au milieu du wagon, qu'est ouvert seulement aux deux bouts du collidor... A fallu qu'elle vienne jusqu'à la portière, qui était fermée, nécessairement !

POMEROIS

Alors ?

EUSÈBE

Alors, elle a essayé d'ouvrir... mais c'est dur comme tout, ces trucs-là !... Le train, pendant ce temps-là, démarrait et, nécessairement, quand Madame a pu ouvrir, il allait trop vite pour descendre !

POMEROIS

Il fallait sauter sur le marchepied, la prendre par le bras, l'aider...

EUSÈBE

C'est ce que j'ai fait, bien sûr... Remarquez que c'est des trucs à se casser la gueule ! Mais un gros, avec une casquette blanche... je crois que c'était le sous-chef de gare... s'est précipité en gueulant : « Ne descendez pas, Madame, y a danger !... Et vous, là, en errière ! » Qu'y m'a dit... et il a refermé la portière...

POMEROIS

C'est inouï !

EUSÈBE

Moi, je courais le long du train et Madame m'a crié : « Eusèbe ! qu'a criait, prévenez Monsieur qu'il ne s'inquète pas... je coucherai à Laroche et je rentrerai demain matin »... Parce qu'il faut vous dire que ce train-là, il n'arrête pas avant Laroche, qui est à cent cinquante-cinq kilomètres, où qu'il arrive à vingt-deux heures vingt-sept !... et y a pas de train pour revenir avant demain matin !

POMEROIS

Mais c'est insensé !... elle aurait dû faire arrêter, tirer la sonnette d'alarme !

EUSÈBE

All' a pas osé... rapport à la contravention !

POMEROIS

Et vous, vous ne pouviez pas expliquer au chef de gare...

EUSÈBE

J'y ai dit, nécessairement... Mais il m'a répondu que si j'étais saoul, je pouvais aller cuver mon vin ailleurs... Je l'ai traité de pochetée. Alors il a fait signe à deux employés et y m'ont foutu à la porte de la gare en m'engueulant comme du poisson pourri !

POMEROIS

De sorte, qu'en ce moment, ma femme...

EUSÈBE

Elle est dans le train, elle roule.

POMEROIS, *tragique.*

Elle roule !

LHERBIER, *ironique.*

Elle roule !

ADOLPHINE, *même jeu.*

Elle roule !

QUATUOR

Orchestre — Sifflet — Corne — Vapeur

I

POMEROIS

Madame roule!... C'est effrayant

EUSÈBE

Ah! quelle terrible aventure!

LHERBIER

Ce coup du sort est foudroyant

ADOLPHINE

Il nous boul'verse et nous torture!

LHERBIER

Jusqu'à Laroche... d'un seul trait!

EUSÈBE

Oui, sans le plus petit arrêt

TOUS

ADOLPHINE

Madam'

POMEROIS

Ma femme

LHERBIER

Ta Femm' Dans le rapide
Le rapid' de la Côt' d'Azur!
Se lamenter serait, bien sûr!
Serait idiot, serait stupide!
On ne meurt pas d'êtr' dans l'rapide
Dans l'rapid' de la Côt' d'Azur!

TOUS (*Refrain.*)

Madame roule, roule, roule...
Madame roule... et puis après?
La conclusion qui en découle
C'est qu'ell' ne l'a pas fait exprès
Madame roule, roule, roule...
Madame roule!... c'est bien certain!
Mais une nuit vite s'écoule
Nous la r'verrons demain matin!

II

LHERBIER

Ce n'est, en somm' qu'un incident

EUSÈBE

Qu'il ne faut pas prendre au tragique

ADOLPHINE

Madame roul' ! c'est évident !
Parc' que l'train roul'

EUSÈBE

N'est-c' pas logique ?

LHERBIER

Un mari n'doit se désoler
Que pour l'autr' sens du verb' « rouler »

TOUS, *sauf Pomerois.*

Lorsque sa femme au cœur volage
A voulu rejoindr' son amant,
Pour s'offrir un petit voyage
Un petit voyag' d'agrément,
Madame sait, selon l'usage
Faire à Monsieur des boniments !

ADOLPHINE, *seule.*

Refrain.

Madam' le roule, roule, roule !...
Madam' le roul' comme un enfant !
Dans l'ménag' du coq et d'la poule
C'est jamais l'coq qu'est triomphant !

TOUS, *sauf Pomerois.*

Madam' le roule, roule, roule !...
Madam' le roul' !... c'est bien certain !
Mais une nuit vite s'écoule
Nous la r'verrons demain matin !

POMEROIS, *parlé.*

Ah ! quelle cerise !... quelle cerise !... ces choses-là n'arrivent qu'à moi !

LHERBIER

Voyons, ce n'est pas si terrible que ça... Ta femme

couchera à Laroche. Elle n'aura même pas besoin de sortir de la gare. Il y a au buffet des chambres très convenables, j'y ai passé une nuit. Et, demain, madame Pomerois rentrera par le premier train !

EUSÈBE

Même que j'oubliais qu'elle a dit comme ça qu'elle télégraphierait à Monsieur en arrivant !

POMEROIS

Oui, évidemment... enfin, je vous remercie, Eusèbe... je n'ai plus besoin de vous... Ah ; quelle soirée, mon Dieu ! quelle soirée !

EUSÈBE, *compatissant.*

Vous en faites pas, patron... Ça passera... C'est pas comme le chou au lard, ça ne passe pas ! *(Il sort au fond.)*

SCÈNE XII

LES MÊMES, *moins* EUSEBE.

POMEROIS, *se levant très joyeux et dansant.*

Oh ! mes enfants, que je suis verni, que je suis verni !

LHERBIER, *très sincère.*

Il est devenu fou !... L'émotion...

POMEROIS

Mais il fallait dissimuler devant mon chauffeur... (*Allant à Adolphine et lui prenant le menton.*) Tiens, la voilà mon aventure merveilleuse !... Comprends-tu, maintenant ?

LHERBIER

Tous mes compliments ! (*À Adolphine.*) Mademoiselle...

ADOLPHINE, *avec une révérence.*

Adolphine...

LHERBIER

Eh bien, mademoiselle Adolphine... je renouvelle devant vous mon invitation de tout à l'heure... Grimpons à Montmartre tous les trois !

POMEROIS, *allant s'asseoir, fauteuil, prend Adolphine sur ses genoux.*

Non, mon vieux... Traîner dehors toute la nuit, ça ne me dit rien... J'ai mieux à faire ici... Tout ce que je puis te proposer... et encore non, c'est impossible !

LHERBIER

Quoi donc ?

POMEROIS

Boire un verre de porto avec nous... mais pas moyen... à cause de la cuisinière !

ADOLPHINE

La cuisinière !... elle n'est pas là... Madame lui a donné congé pour deux jours, et elle attendait Eusèbe dans sa chambre... A c't'heure, ils vont se posséder !

POMEROIS

Non ?... Mélanie avec Eusèbe ?... Tu es sûre ? Je la croyais vierge !

ADOLPHINE

Enfant, va !... (*Lui tapotant la joue.*) Toi, tu me plais, parce que t'es un peu tourte !

POMEROIS

Adolphine !

ADOLPHINE

Ah ! non, mon petit, tu vas pas faire des manières, hein ?... Et t'en fais pas pour le porto, je sais déjà où c'est qu'il est !... (*Elle sort.*)

LHERBIER

Cette enfant est délicieuse !

POMEROIS

Tu parles !

LHERBIER

Entre nous, je crois que tu ne t'embêteras pas !

POMEROIS

Confidence pour confidence... Moi, j'en suis sûr !

LHERBIER

Comment, tu es sûr ! Est-ce que tu as déjà ?...

POMEROIS

J'ai déjà !

LHERBIER

Ah ! bon !

ADOLPHINE, *rentrant avec des bouteilles et des verres sur un plateau.*

Champagne ! Porto ! A la tienne, mon joli ! Servez-vous, beau frisé ! (*S'asseyant sur les genoux de Pomerois.*)

LHERBIER

A vos amours ! (*Ils boivent.*)

POMEROIS

Porto pour commencer.

LHERBIER

Porto.

POMEROIS

Dis donc, je m'amuse en pensant à ma femme qui roule vers Laroche, dans le train bleu !

LHERBIER

Tu devrais aller la retrouver, je tiendrais compagnie à cette enfant !

ADOLPHINE

Tu t'en ferais mourir, bébé !... Eh allez donc, on va rigoler... (*A Pomerois.*) Toi je te gobe... (*A Lherbier.*) Et toi aussi. Et maintenant, comme ça se fait toujours dans le grand monde, chacun va pousser la sienne !

LHERBIER, *un peu parti aussi.*

C'est ça, bravo ! Je commence ! (*Il annonce.*) Les enfants font pleurer les mères.

POMEROIS

Oh ! non ! non ! Tu as passé l'âge.

ADOLPHINE

Ta bouche ! A moi ! Je commence...

LE GIGOLO ET LA ROMBIERE

I

Y avait un gentil p'tit gigolo
Qu'était l'amant d'une rombière ;
Il n'trouvait pas ça très rigolo
Mais il n'faisait pas d'manières,
Il avait bon caractère
Toujours prêt pour le boulot,
Car la vie est chère
Et les rombières
Ont des monacos.

Refrain.

Quand deux amants
S'aim'nt tendrement
L'un donne l'amour

POMEROIS

L'un donne l'amour

ADOLPHINE

L'autre l'argent

POMEROIS

L'autre l'argent

ADOLPHINE

Y a pas moyen d'faire autrement
Car ici-bas
Chacun demand' ce qu'il n'a pas
Et c'est une vérité scientifique
Admis' dans le domaine économique
T'auras c'que j'ai
Quand tu voudras
Mais faut d'abord donner c'que t'as !

II

La rombière femme à tempérament,
Très porté' sur la p'tit' fête,
Demandait beaucoup à son amant,
Mais lâchait très peu d'galette,
L'gigolo baissait la tête !
Pouvait-il faire autrement !
Et faisait risette
A la baguette
Et au commandement !

Refrain.

Quand deux amants
S'aim'nt tendrement
L'un donn' l'amour

LHERBIER
L'un donn' l'amour

ADOLPHINE
L'autre l'argent

LHERBIER
L'autre l'argent

TOUS
Y a pas moyen d'faire autrement
Car ici-bas
Chacun demande ce qu'il n'a pas
Et c'est une vérité scientifique
Admis' dans le domaine économique
T'auras c'que j'ai quand tu voudras,
Mais faut d'abord donner c'que t'as !

LHERBIER, *très éméché, applaudissant.*
Bravo... charmant... délicieux !

ADOLPHINE, *après sa chanson, tombe assise sur une chaise.*
Ouf ! c'qu'il fait tiède ici... (*Se levant.*) Ça ne vous dérange pas que j'ouvre la fenêtre ?...

POMEROIS, *inquiet.*

Voyons, Adolphine ! (*Il va à elle.*)

ADOLPHINE, *extasiée.*

Oh ! oh ! que c'est beau !

POMEROIS *remonte à la fenêtre avec Lherbier.*

POMEROIS

Quoi donc ?

ADOLPHINE

La lune !

POMEROIS

Oh ! Oh ! Oh !

ADOLPHINE

J'aime la lune ! C'est poétique !

POMEROIS, *essayant de la déloger pour fermer la fenêtre.*

Je t'en prie... ne crie pas comme ça, tu vas me faire donner congé. (*Il la fait redescendre. Tout à coup on entend la voix d'un camelot.*)

LA VOIX DU CAMELOT, *en coulisse.*

Demandez... troisième édition... *L'Intran*... l'accident du Train bleu... Horribles détails !

POMEROIS, *à Lherbier.*

Tu entends ?

LHERBIER

Quoi ?

POMEROIS

On annonce l'accident du Train Bleu !

LHERBIER

Eh ! bien, qu'est-ce que ça peut t'fiche !

POMEROIS

Ma femme est dedans...

LHERBIER

Bigre ! Je l'avais oubliée...

LA VOIX DU CAMELOT

Le rapide de Nice tamponné ! Dernières nouvelles !

Troisième l'*Intran !*... L'accident du rapide de Nice ! Nombreuses victimes !

POMEROIS

Cette fois, je ne me trompe pas ! (*Appelant au dehors, au camelot.*) Hep ! mon ami, attendez. (*A Lherbier.*) Va vite me chercher le journal ! Et vous Adolphine, je vous en prie, allez réveiller Eusèbe !

ADOLPHINE

Eusèbe !

POMEROIS

Oui, dans sa chambre !

ADOLPHINE

Il n'y est pas !

POMEROIS

Ou dans celle de la cuisinière... ça m'est égal... qu'il vienne tout de suite... je peux avoir besoin de lui.

ADOLPHINE, *sortant sans entrain.*

Ce que j'vas m'faire enguirlander ! (*Lherbier entre tenant le journal.*)

POMEROIS

Donne !... (*Il regarde le journal à l'envers.*) Tu vois, ça m'a tellement bouleversé ! Je ne vois plus clair.

LHERBIER

Tu le tiens à l'envers !

POMEROIS *retourne le journal.*

Un grave accident de chemin de fer, dernière minute par téléphone : « Le Train Bleu, qui quitte la gare de Lyon à huit heures cinq a été tamponné près de Brunoy, par un train de marchandises. La collision a été terrible ! Les dégâts sont considérables !... » C'est effroyable !

LHERBIER, *prenant le journal à l'envers.*

Ne t'affole pas ! Oh ! la la, c'est curieux, je ne vois plus clair non plus !

POMEROIS

Tu le tiens à l'envers !

LHERBIER

« Nous publierons les détails complets et les noms des victimes dans notre quatrième édition ! » C'est peut-être une fausse nouvelle ! Attends !...

POMEROIS

Quoi ?

LHERBIER

Attends la quatrième édition !

POMEROIS

Je ne sais plus... ah ! voyons, qu'est-ce que je vais faire ? Ah ! je vais aller aux renseignements !

LHERBIER

Mais où ?

POMEROIS

A la gare de Lyon ! (*Entrent Adolphine et Eusèbe qui achève de s'habiller précipitamment.*)

SCÈNE XIII

LES MÊMES, EUSÈBE.

POMEROIS

Ah ! vous voilà, Eusèbe !... L'auto !... l'auto !... l'auto !

EUSÈBE

On va faire une partie de loto !

POMEROIS

Mais non, l'auto ici !

EUSÈBE

L'auto ici ! Dans le salon ?

POMEROIS

Non, en bas !

EUSÈBE

Ah ! ça, patron, y a pas mèche... Rapport à mon cône.

POMEROIS

Qu'est-ce qu'il a, votre cône ?

EUSÈBE

Il est grippé ! J'ai pu tout juste rentrer au garage !

POMEROIS

Sacré tonnerre ! Il y a toujours quelque chose, avec vous !

EUSÈBE

Nécessairement, patron ! Ces mécaniques-là... c'est comme les dames... c'est toujours quand c'est qu'on voudrait s'en servir qu'a sont indisponibles !

POMEROIS

Ah ! prenez garde ! Prenez garde ! Vous ne savez pas ce que je vais faire ! Je vais prendre un taxi !

LHERBIER

Veux-tu que je t'accompagne ?

POMEROIS

Non, reste ici, je te téléphonerai si j'ai besoin de toi.

LHERBIER

C'est ça. Je ne bouge pas, dispose de moi !

POMEROIS

Merci !

EUSÈBE

Excusez-moi, patron ! Vous pensez bien que si ce n'était pas mon cône !...

POMEROIS

Ah ! fichez-moi la paix, avec votre cône. (*Il sort en courant par le fond.*)

SCÈNE XIV

ADOLPHINE, LHERBIER, EUSÈBE.

LHERBIER

Pauvre vieux !... c'est terrible tout de même, de courir comme ça à la recherche de sa femme. (*Adolphine rit.*) Qu'est-ce qu'il y a ?

ADOLPHINE, *riant.*

Il peut toujours courir !

EUSÈBE

Il ne la rattrapera pas !

LHERBIER

Je ne comprends pas !

ADOLPHINE

On y dit ? (*Montrant Lherbier.*) On y dit !... le compartiment au milieu du wagon, le train bleu qui part... tout ça, c'est des bobards...

EUSÈBE

A c't'heure, la patronne est au dodo avec son petit coco.

LHERBIER

Vous m'abrutissez, Eusèbe ! Une femme si distinguée, si distante, si rigide !

EUSÈBE

J'sais pas si elle est rigide, mais j'sais qu'elle fait le patron cocu !... pour ce qui est de la retrouver, maintenant, il peut aller la chercher.

LHERBIER

Où ça ?

EUSÈBE

Entre nous, hein ! Autour de l'obélisque !

FINAL

CHANT

I

EUSÈBE

Quand une femme a besoin d'une heure
De liberté
Pour aller s'payer la meilleure
Des voluptés
Elle prend congé souple et câline
De son époux
Et s'il fulmine
La p'tite coquine
Lui donne rendez-vous

L'ORCHESTRE

Où ça ?...

EUSÈBE

Tu veux le savoir ? Eh ben je vais te le dire !
Va m'attendre autour de l'obélisque,
Dis-moi qu'est-ce que tu risques
Si j'viens pas tu l'verras...
C'est très gai, la place de la Concorde
Tout Paris y déborde
C'est un vrai Niagara,
Tu pourras si tu as un peu de veine
Voir Citroën-ne
Rev'nant du Sahara...
Va m'attendre autour de l'obélisque,
Dis-moi qu'est-ce que tu risques
Si j'viens pas tu l'verras !

II

On est parfois bien qu'honnête homme
Dans l'embarras
Si l'on n'trouve pas la forte somme
Que de tracas !

Ce fric un copain vous le prête
Mais si l'crampon
Veut sa galette
Et vous embête
Alors, on répond

L'ORCHESTRE

Quoi donc ?

EUSÈBE

Va m'attendre autour de l'obélisque
Dis-moi qu'est-ce que tu risques
Si j'viens pas tu l'verras...
C'est très gai, la place de la Concorde
Tout Paris y déborde
C'est un vrai Niagara,
Tu pourras si tu as un peu de veine
Voir Citroën-ne
Rev'nant du Sahara...
Va m'attendre autour de l'obélisque,
Dis-moi qu'est-ce que tu risques
Si j'viens pas tu l'verras !

III

Un candidat qui cherche à plaire
A l'électeur
Jure sur la tête de sa belle-mère.
D' faire son bonheur !
Une fois élu, volte-face
Et sans retard
Il se débarrasse
De qui le tracasse
Avec ce bobard !

L'ORCHESTRE

Lequel ?...

EUSÈBE

Je vais vous le dire !...

Refrain.

Va m'attendre autour de l'obélisque
Dis-moi qu'est-ce que tu risques
Si j'viens pas tu l'verras...
C'est très gai, la place de la Concorde
Tout Paris y déborde
C'est un vrai Niagara,
Tu pourras si tu as un peu de veine
Voir Citroën-ne
Rev'nant du Sahara...
Va m'attendre autour de l'obélisque,
Dis-moi qu'est-ce que tu risques
Si j'viens pas tu l'verras !

LHERBIER

Vous direz ce que vous voudrez !... ces choses-là ne se voient qu'à Paris !

TOUS

Ah ! Paris
Ce Paris
Il enivre et affole
C'est par lui
Qu'les maris
Se désolent...
Elle a le cafard
Et sans r'tard
Madame trouve un fêtard
Qui calme sa peine
Par de charmantes fredaines ;
S'il la gronde
Furibonde
Elle dit à son mari :
Le coupable
Responsable
Qui mérit' tes mépris
Sur mon âme,
Je l'proclame
C'est Paris, oui c'est Paris.

C'est la vie
En folie
D'Paris !

LHERBIER

Et voilà pourquoi
Les femm's qu'ont d'jolis minois
Vont en tapinois
Entre cinq et sept parfois
Faire des chos's qui attachent
Avec un gigolo bravache,

EUSÈBE

Vache !

LHERBIER

Caustique et narquois

EUSÈBE

Mais si l'un' lui dit !
Je suis à toi, mon chéri,
Il répond grognon :
Faut me r'filer du pognon.

EUSÈBE *et* LHERBIER

Quand même
Elle jur' qu'elle l'aime
Je n'sais pas ma foi
Pourquoi ! Pourquoi !

(Eusèbe fait passer Adolphine au milieu.)

ADOLPHINE

Quand deux amants

LHERBIER, *imitant le violon.*

Zizi

ADOLPHINE

S'aim'nt tendrement

EUSÈBE, *imitant le violoncelle.*

Pan-Pan

ADOLPHINE

On ne saurait les empêcher de se l'prouver ;
Y a pas moyen

LHERBIER
Zizi
ADOLPHINE
D'les arrêter
EUSÈBE
Pan-pan
ADOLPHINE
Ils sont malins et la connaissent dans les coins
Et c'est une vérité scientifique
Ad'mis' dans le domaine économique,
Le libre-échange
LHERBIER
Zizi
ADOLPHINE
Est notre loi !
EUSÈBE
Pan-pan
ADOLPHINE
Je suis à toi, comm' t'es à moi...
Et voilà pourquoi
C'bon Pomerois
Comme un cerf, est coiffé de bois !
EUSÈBE
Madame a du tempérament !
ADOLPHINE
Ah ! la gondolante aventure !
LHERBIER
Pomerois cocu ! C'est roulant !
ADOLPHINE
Et comment qu'à s'paie sa figure !
EUSÈBE
Pendant qu'il court aux renseignements

Ell' s'occupe avec son amant...
Bien au chaud... sous la couverture
Ils se bécott'nt éperdûment
Jurant d's'aimer éternell'ment
Ça vaut bien mieux évidemment

Que d's'faire casser la figure
Dans l'rapide de la Côte d'Az...

EUSÈBE

Zur...

ADOLPHINE, *lui serrant la main.*

Merci ! !

TOUS

Refrain.

Madam' roucoule, coule, coule
Madam' roucoule, avec ardeur
Et Monsieur roule, roule, roule
Et Monsieur roule avec candeur
Madame roucoule et Monsieur roule
Chacun son rôle ; c'est très bien
Mais une nuit vite s'écoule
Nous les r'verrons demain matin.

RIDEAU

(Eusèbe côté jardin, tire le rideau en le fermant. Lherbier, côté cour, tire le rideau en le fermant. Adolphine reste au milieu.)

Premier rappel.

Rideau fermé. Les trois têtes passent au milieu.
1 Eusèbe — 2 Adolphine — 3 Lherbier

Refrain.

Madam' roucoule, coule, coule,
Madam' roucoule avec ardeur
Et Monsieur roule, roule, roule
Et Monsieur roule avec candeur
Madame roucoule et Monsieur roule
Chacun son rôle ; c'est très bien,
Mais une nuit vite s'écoule,
Nous les r'verrons demain matin !

ADOLPHINE

Nous les r'verrons !

LHERBIER

Demain !

EUSÈBE

matin !

Au deuxième rappel.
Les trois têtes passant au milieu du rideau fermé.

Va m'attendre autour de l'obélisque
Dis-moi qu'est-ce que tu risques
Si j'viens pas tu l'verras...
C'est très gai, la place de la Concorde
Tout Paris y déborde
C'est un vrai Niagara,
Tu pourras si tu as un peu de veine
Voir Citroën-ne
Rev'nant du Sahara...
Va m'attendre au tour de l'obélisque,
Dis-moi qu'est-ce que tu risques
Si j'viens pas, tu l'verras !
Et puis voilà ! !

RIDEAU

ACTE II

Au lever du rideau, la scène est plongée dans une obscurité complète.

Tout à coup retentit, stridente et nasillarde, la voix d'un appareil de T. S. F.

On entend de petits cris de femme, des exclamations de colère proférées par une voix d'homme. Lumière.

Apparaît une chambre à coucher élégante dont un vaste lit dit de milieu occupe un des angles. Dans ce lit une tête féminine (Irène), une tête masculine (Marcel).

Portes latérales, fauteuils, chaises, petite table.

Sur un meuble, appareil téléphonique.

Sur un autre, le haut parleur réveille-matin, auteur responsable de l'incident.

SCÈNE PREMIÈRE

IRÈNE, MARCEL, LA VOIX DE LA TOUR EIFFEL.

LA VOIX DE LA TOUR EIFFEL

Ici, poste de la Tour Eiffel, au coup de gong, il sera exactement six heures trente secondes... (On entend un coup de gong.)

(Pendant le dialogue qui va suivre, la voix de la Tour Eiffel parle toujours.) Prévision pour la journée d'aujourd'hui : Région nord nord-est, vent faible en baisse de 4 à 5 mètres, de 4 à 5 mètres. — Température maximum 12 degrés.

IRÈNE, *sursautant.*

On a frappé ! Y a quelqu'un !

MARCEL

Sortez, Monsieur ! Qu'est-ce que c'est, qu'est-ce que vous voulez, qu'est-ce qui se passe ? (*S'aperçoit que c'est la T. S. F., rit et enlève le contact.*) Oh ! c'est la T. S. F. ! C'est mon réveille-matin !

IRÈNE

Tu as la T. S. F. réveille-matin ?

MARCEL

Oui, c'est la concierge qui s'est encore payé un petit concert hier au soir et qui a dû oublier de débrancher !

IRÈNE

Elle est stupide ta concierge. J'ai eu une peur... Tiens... sens mon cœur... (*Elle s'assied sur le lit. Il l'embrasse.*) Une autre fois, tu me préviendras quand tu auras des histoires comme ça !

MARCEL

Je suis désolé, ma chérie.

IRÈNE

Au fond, c'est assez rigolo,... je dirai à Philippe de m'en acheter un...

MARCEL

Philippe ?

IRÈNE

Mon mari, voyons...

MARCEL

C'est drôle, je ne peux pas me faire à l'idée que tu appelles cet homme par son prénom... Les maris ne devraient pas avoir de prénom... c'est indécent !

IRÈNE, *sévère.*

Philippe !...

MARCEL

Charmant ! Oh ! non, non, moi, moi Marcel ! !... hein ! mais pas Philippe !... à la gare, Philippe.

IRÈNE, *soudain grave.*

Marcel, je n'aime pas t'entendre parler aussi légèrement de ce qui me touche !

MARCEL

Je parle de ton mari !

IRÈNE

Eh ! bien ?...

MARCEL

Tu m'as affirmé qu'il ne te touchait jamais !

IRÈNE, *avec une dignité mélancolique.*

Oh ! ces plaisanteries me sont infiniment pénibles ! Jusqu'au jour où je t'ai rencontré j'étais une honnête femme !

MARCEL

Mais tu l'es toujours !

IRÈNE

Oh !

MARCEL

Tu l'es toujours, tu es une honnête femme, qui a un amant ! Voilà tout !

IRÈNE

C'est vrai au fait. Je suis une femme mariée qui a un amant. Te souviens-tu du jour de notre première rencontre ?

MARCEL

Souvenir inoubliable ! Tous les détails en sont gravés là (*Il montre sa tête.*) et là. (*Il montre son cœur.*)

CHANT

MARCEL

Je me souviens ô ma divine,
Du premier soir où je te vis
Au théâtre des Capucines,
On jouait du Sacha Guitry.

IRÈNE

J'avais une robe en crêpe de Chine,
Sur mon chapeau, des paradis,
Mon étole de zibeline
Et mon pendentif en rubis

MARCEL

Et tout le long du premier acte,
Je te souris, tu me souris...

IRÈNE

Non, pas tout de suite, à l'entr'acte
Seulement, je te répondis!

MARCEL

J'écrivis des lignes brûlantes
Sur ma carte que je remis
A ton chauffeur, âme obligeante
Avec quelques maravédis...

IRÈNE

Eusèbe est un homme plein d'adresse.
Le lendemain, je découvris
En ouvrant mon livre d'adresse
Le petit carton tout meurtri.

MARCEL

Trois jours plus tard...

IRÈNE

Non, pardon, quatre...

MARCEL

Tu vins me voir, l'après-midi,

IRÈNE

Hélas, et j'eus beau me débattre
L'inéluctable s'accomplit.
C'est la faute à Sacha-Guitry!

MARCEL

C'est la faute à Sacha Guitry!

Ensemble

IRÈNE

Oh! souvenir chéri de ce jour mémorable
Tu fais renaître en moi le désir endormi.
Assez de mots, nous sommes vraiment bien coupables!
Nous allons accomplir ici

Encore un coup l'inéluctable...
Grâce à Monsieur Sacha Guitry.

MARCEL, *en contre-temps.*

Oh ! souvenir chéri de ce jour mémorable
Tu fais renaître en moi le désir endormi.
Assez de mots, nous sommes vraiment bien coupables !
Nous allons accomplir ici
Encore un coup l'inéluctable
Grâce à Monsieur Sacha Guitry.

IRÈNE, *après le chant, se lève.*

Et maintenant, Monsieur ?

MARCEL

Et maintenant, Madame ?

IRÈNE, *allant au lit.*

Maintenant, dodo !

MARCEL, *la rattrape.*

Oh ! non, pas dodo ! (*Lui parle bas à l'oreille.*)

IRÈNE

Oh ! ça, non,... ça non !... Oh ! ça, non ! ! !

MARCEL

Oh ça si ! Oh ! ça si !... Oh ! ça si ! ! !

IRÈNE

Allez au dodo, jusqu'à dix heures !

MARCEL, *après un temps.*

Je me connais, je ne pourrai pas dormir ! (*Un temps. On frappe à la porte.*)

IRÈNE

Mon chéri, oh ! c'est mon mari ! C'est lui !

MARCEL

Mais non... (*On frappe de nouveau.*) Oh ! qu'est-ce que c'est encore, bon Dieu !

SCÈNE II

LES MÊMES, MADAME TRUCHARD.

Irène se cache sous les couvertures.

MADAME TRUCHARD, *souriant de toutes ses gencives, pose le chocolat, et va ouvrir les rideaux.*

M'ame Truchard qui vous souhaite le bonjour, M'sieur Marcel... et qui vous apporte vot'chocolat !

MARCEL, *grognon.*

Vous auriez pu attendre que je vous sonne !

MADAME TRUCHARD

Dame, j'ai entendu vot' T. F. S.... je m'suis dit comme ça : M'sieur Marcel est réveillé... J'vas y porter son chocolat... (*Irène fait un mouvement dans les couvertures.*) Mais... pardon... Vous n'êtes pas seul ?...

MARCEL

Vous vous trompez, madame Truchard !

MADAME TRUCHARD, *très digne.*

Ça m'étonnerait... (*Montrant la forme d'une femme à côté de lui.*) Mais je ne suis pas de celles qui s'imposent quand on leur fait sentir que leur présence est indiscrète. Je suis de trop... je me retire ! (*Irène étant sur le ventre, sous les couvertures, salue avec son derrière, en faisant deux petites flexions sur les genoux.*)

MARCEL, *implorant.*

Pas encore, madame Truchard !

MADAME TRUCHARD

Il suffit, Monsieur, on sait ce que parler veut dire ! (*Elle sort deuxième plan droite.*)

MARCEL, *levant un peu la couverture.*

Oh ! tu peux revenir... ça y est, elle est froissée !

IRÈNE, *sortant la tête.*

C'est ta femme de ménage ?... Je ne l'ai jamais vue !

MARCEL

Elle ne vient que le matin... et comme c'est la première fois que tu m'honores de ta visite, en dehors de nos 5 à 7...

IRÈNE

Elle me déplaît... elle me fait l'effet d'une chipie !

MARCEL

Veux-tu te taire... si elle entendait... c'est une femme très bien, ma chère, mais très collet-monté et très susceptible.

IRÈNE

Voyez-vous ça, ma chère !

MARCEL

Mais oui... elle a des principes !

IRÈNE, *jalouse.*

Elle veille sur ta vertu... dis donc, est-ce que par hasard tu ?...

MARCEL

Moi... oh ! oh ! non, tu ne l'as pas vue... non, seulement... elle m'a dit en entrant chez moi : « Je ne veux pas que Monsieur reçoive des femmes que je ne connais pas... » Alors...

IRÈNE

Alors, tu veux me présenter à elle ?

MARCEL

Dame... comprends-moi ma chérie, si elle me donnait ses huit jours, je serais bien embêté !

IRÈNE

C'est charmant !

MARCEL

Si tu étais gentille, mais là, bien gentille, au lieu de t'enfouir sous les draps, tu montrerais ta petite frimousse ébouriffée, et tu lui dirais gentiment :

« Bonjour madame Truchard ! » en lui souriant aimablement !

IRÈNE

Oh ! non !...

MARCEL

Ah ! c'est gentil ! (*On frappe.*) Entrez ! (*Un bras passe par la porte entre-bâillée et une main, celle de madame Truchard, apparaît, tenant des lettres et des journaux. Irène se renfonce sous les couvertures.*)

LA VOIX DE MADAME TRUCHARD

Le courrier !

MARCEL

Eh ! bien, entrez... Madame Truchard... (*A Irène.*) Tu vois, elle est froissée ! Entrez, je vous en prie, ma bonne madame Truchard !

MADAME TRUCHARD

Pardon, Monsieur, on m'a fait comprendre tout à l'heure que j'étais de trop !

MARCEL

Vous l'avez déjà dit !

MADAME TRUCHARD

Je ne le dirai jamais assez ! (*Avec une grande dignité.*) Je suis veuve d'un adjudant, ex-trompette solo de la Garde Républicaine, monsieur Marcel, ne l'oubliez pas, et j'ai été infirmière à la 20e section de secrétaires d'Etat-Major, et de recrutement !

MARCEL, *impressionné.*

Evidemment, ce sont des titres à notre déférence. (*A Irène.*) Tu entends ?

IRÈNE

Zut pour le trompette-solo !

MARCEL, *douloureusement frappé.*

Oh !

MADAME TRUCHARD, *de plus en plus digne.*

Je me retire... je ne suis pas de celles qui s'imposent.

MARCEL, *suppliant.*

Je vous en supplie !... (*A Irène.*) Je t'en supplie ! (*Il plonge sous les couvertures pour objurguer Irène et parvient à la faire émerger.*) Allons, un petit bonjour ! Tu peux bien faire ça pour m'être agréable.

IRÈNE

Bonjour madame Truchard !

MADAME TRUCHARD

A la bonne heure, enfin ! Ah ! c'est pas malheureux !

IRÈNE *sort du lit et descend à gauche.*

J'ai bien l'honneur de vous saluer !

MADAME TRUCHARD

Du pareil au même à votr' service, ma petite demoiselle ! (*A Marcel.*) Très bien... mes compliments... c'est jeune... c'est frais... Bien charpenté... de l'œil, des dents !

IRÈNE

Elle me prend pour un cheval !

MADAME TRUCHARD

Parfait ! (*A Marcel.*) Vous avez là un petit numéro de choix !

IRÈNE, *ironique.*

Vos bienveillantes appréciations me flattent, chère madame Truchard !

MADAME TRUCHARD

Y a pas de quoi, ma petite demoiselle... Mais vous pouvez m'en croire, je m'y connais !

IRÈNE

Je m'en aperçois... Ainsi, vous m'appelez à tour de bras ma petite demoiselle...

MADAME TRUCHARD

Eh bien ?

IRÈNE

Je suis mariée !

MADAME TRUCHARD, *descendant milieu haut.*
Mariée !... Oh ! que c'est amusant !

I

IRÈNE
Vous m'prenez pour un' midinette
Qui vient r'trouver en cachette
Son p'tit ami.

MADAME TRUCHARD
Mon Dieu, oui !...

IRÈNE
Ce jug'ment est flatteur sans doute
Mais vous faites fausse route
J'ai un mari !

MADAME TRUCHARD *et* MARCEL
Tant pis pour lui !

IRÈNE
Et les Madames, voyez-vous,
Le bon Dieu les mit sur la terre
Pour fair' le bonheur des époux !

MADAME TRUCHARD *et* MARCEL
Et aussi des célibataires !

IRÈNE
Les p'tit's Madames
Sont les plus charmantes des femmes
Ell's ont le cœur sur la main

MADAME TRUCHARD *et* MARCEL
Sur la main de leur prochain !

IRÈNE
Humanitaires
Ell's donn'nt aux hommes solitaires
Tout's les illusions
Et les douces sensations
De la grand' passion !

II

IRÈNE
Vous voyez, ça j'en suis bien sûre,
Plus d'une jolie figure
Sous ces lambris.

MADAME TRUCHARD *et* MARCEL
Mon Dieu oui !

MARCEL
J'ai reçu quelques d'mi-mondaines

MADAME TRUCHARD
Il en venait par douzaine

MARCEL
C'est bien fini !

IRÈNE
J'espère que oui !
Car les Madames, voyez-vous,
Le Bon Dieu les mit sur la terre
Pour faire le bonheur des époux

MARCEL *et* IRÈNE
Mais aussi des célibataires.

IRÈNE
Les p'tit's Madames
Sont les plus charmantes des femmes
Ell's ont le cœur sur la main

MADAME TRUCHARD *et* MARCEL
Sur la main de leur prochain !

Ensemble.

Humanitaires
Ell's donn'nt aux hommes solitaires
Tout's les illusions
Et les douces sensations
De la grand' passion !

(Pendant les deux derniers vers du dernier refrain, Marcel et Irène se baisent et s'embrassent. Madame Truchard les bénit.)

MADAME TRUCHARD, *parlé, à Irène.*

Ah ! vous êtes mariée !... Eh bien... c'est encore plus piquant... J'adore ça, moi, les p'tit's dames qui trompent leur mari... (*Remonte retaper le lit.*) Allez, allez-y donc... Faites-lui en bien porter et donnez-vous de la réjouissance, ça vous passera avant que ça me revienne !

IRÈNE, *interdite, à Marcel.*

Quel toupet !

MARCEL

C'est une nature ouverte... et pleine de tact !

MADAME TRUCHARD, *redescendant avec l'oreiller,*

Mais j'y pense, pour que vous ayez pu découcher, c'est que votre mari est en voyage ?

IRÈNE

Non, ma bonne madame ma chère ! C'est moi qui suis en voyage !...

MADAME TRUCHARD

Oh ! que c'est amusant !

IRÈNE

Mon mari me croit à Laroche.

MADAME TRUCHARD, *riant.*

Oh ! oh ! Il vous croit à Laroche... et vous v'là en pleine plaine Monceau... c'est du joli travail !

MARCEL

Il a fallu pour ça un peu d'imagination... (*A Irène.*) On peut lui raconter ?

MADAME TRUCHARD

Oh ! oui ! Oh ! oui !

IRÈNE

Maintenant, un peu plus un peu moins... Ah ! mais attention... vous nous gardez le secret ?

MADAME TRUCHARD

Oh ! dites, ça ne sortira pas du quartier...

IRÈNE, *à madame Truchard.*

J'ai accompagné hier soir une parente à la gare de

Lyon et j'ai fait dire à mon mari que le train était parti avant que j'aie pu descendre du wagon. Alors, je suis censée être allée jusqu'à Laroche... (*Pendant toute cette scène madame Truchard rit.*)

MADAME TRUCHARD

Oh ! que c'est amusant !

MARCEL

Cent cinquante-cinq kilomètres !... Et moi j'ai remis au chef de train trois dépêches à expédier de cette localité, mais à des heures différentes...

MADAME TRUCHARD

Oh ! que c'est amusant. Pourquoi ?

MARCEL

Vous allez comprendre !

MADAME TRUCHARD

Vous croyez ?

MARCEL

Mais oui. Première dépêche : « Bien arrivée à Laroche, quitté tante excellente santé, trouvé chambre confortable. Télégraphierai heure train retour. Embrasse. »

IRÈNE

« Irène ». Deuxième dépêche. « Prendrai train huit heures quarante-sept, serai Paris onze heures deux. Baisers. »

MARCEL

Re-Irène !

MADAME TRUCHARD

Oh ! on dirait un flim.

MARCEL

Quoi ? Un flim ?

MADAME TRUCHARD

On dirait un flim de cinéma !

MARCEL

Troisième dépêche : « Rapide manqué. Partirai express dix heures trente-cinq. *Serai dans tes bras douze* heures cinquante et une. Tendresses. »

MADAME TRUCHARD, *riant.*

Re-Re-Irène !

MARCEL

Elle a compris !

MADAME TRUCHARD

Je suis pas une gourde... Eh bien, vous en avez du vice !... Quelle belle histoire de chemin de fer !

MARCEL

Dame ! Les histoires de chemin de fer ; c'est un peu *ma partie !*

MADAME TRUCHARD

Ah ! jeunesse ! Ça me rappelle mon bon temps... Comme ça, vous avez encore trois heures devant vous... Mais je suis là, je bavarde, allez, profitez-en !... Allez-y !... (*Remonte pour sortir plan droite.*) Allez-y gaiement !... (*Sur la porte, à Irène.*) Et à ma santé, mes enfants ! (*Sortie plan droite.*)

IRÈNE

A sa santé !... dis donc, elle m'agace terriblement, *ta petite soubrette !... En voilà des manières...* Allez-y... allez-y gaiement... à ma santé... vraiment de telles promiscuités sont intolérables !... Cette femme me méprise.

MARCEL

Mais non, voyons... *en voilà une idée...*

IRÈNE

Si, si, elle me méprise !... Du reste, je n'ai que ce que je mérite... Et toi aussi, tu me méprises... je le sens bien !

MARCEL

Te mépriser, toi, ma chérie, ma jolie, mon idole... qu'est-ce que tu vas penser ?... Mais je te prise, au contraire, je te prise même de plus en plus !

IRÈNE

Tu ne me comprends pas... Je veux dire que jusqu'ici je venais te retrouver l'après-midi, de cinq à sept, comme dans les romans modernes... tandis que toute une nuit, bourgeoisement, dans ton lit...

MARCEL

Je ne saisis pas la différence !

IRÈNE

Mon pauvre coco ! Tu es un homme politique, alors il y a des nuances qui t'échapperont toujours... ce que nous avons fait, c'est tellement... enfin, disons le mot, l'horrible mot... c'est tellement conjugal !

COUPLETS

I

Les romans de Marcel Prévost
Nous ont appris que rien ne vaut
Les cinq à sept des garçonnières
Et les boudoirs de l'adultère.
Mais dormir deux dans un grand lit !
Comm' Monsieur et Madam' Denis
Comm' l'épicier et l'épicière
Rêvant ensemble à la vie chère
Pour les ennemis du banal
Çà c'est vraiment trop conjugal !

Refrain.

L'amour est un jeu
Hasardeux
A péripéties
Pour charmer, il veut
Pour enjeu
De la fantaisie,
De l'inattendu,
Beaucoup d'imprévu,

Un peu d'romanesque,
L'attrait éperdu
Du fruit défendu
Et du pittoresque ;
L'amour est un jeu
Hasardeux
A péripéties
Pour charmer, il veut
Pour enjeu
De la fantaisie
Et l'danger d'être surpris
Donne aux baisers plus de prix.
Voilà comment, mon chéri,
On fait l'amour à Paris.

II

A Paris, le soir, pour s'aimer
Le cabinet particulier
Offre son décor de pagode...
Le voilà le cadre à la mode...
Mais l'*amour en chemis' de nuit*,
Le foulard, la descente de lit,
Les bigoudis et les babouches
Et les baisers pas sur la bouche...
Pour des ennemis du banal
Çà c'est vraiment trop conjugal...

Au refrain.

MARCEL

Ah ! tu veux de l'imprévu, de la fantaisie et du pittoresque ! Eh ! bien, je vais te montrer, moi, comment on fait l'amour à Paris !

IRÈNE

Chiche ! (*Elle se lève et court à travers la chambre. Il la poursuit.*)

MARCEL

Je t'attraperai bien !

IRÈNE

Non, laisse-moi !

MARCEL

Si... si...

IRÈNE, *prend un châle sur le lit, le jette sur la tête de Marcel et se couche. Madame Truchard entre. Marcel la prend et lui dit :*

Viens ! Viens ! (*Il veut l'entraîner au lit.*) Viens, ma jolie !

MADAME TRUCHARD

Non, non.

MARCEL *découvre sa tête, stupéfait.*

Qu'est-ce que vous faites là, vous ? (*Irène a la tête cachée sous les draps. Entre Jacques.*)

SCÈNE IV

LES MÊMES, JACQUES, MADAME TRUCHARD.

MADAME TRUCHARD, *à Marcel.*

Monsieur, j'ai fait ce que j'ai pu pour empêcher monsieur Jacques d'entrer... Y m'a violentée !

JACQUES, *péremptoire.*

Madame, votre bouche !

MARCEL, *devant le lit.*

Eh ! bien, tu en as un toupet, toi !

JACQUES

Ce que j'ai à te dire est de la plus extrême urgence ! Il y va de l'honneur d'une femme !

MARCEL

Ça m'est égal, tu me raconteras ça plus tard !

MADAME TRUCHARD

Vous nous raconterez ça plus tard !

MARCEL

Tu vois bien que je ne suis pas seul !

JACQUES

Ah ! oui ! (*Saluant la forme d'Irène sous les draps.*) Bonjour, Madame ! (*Irène salue du derrière dans le lit !*) Avec ça que c'est la première fois que je te trouve couché avec une femme !... Bonjour, Madame, bonjour !...

MARCEL, *hors de lui.*

C'est bien décidé ?... (*Menaçant, et s'avance vers Lherbier.*)Tu ne veux pas fiche le camp ?

LHERBIER

Non, mon vieux... j'ai à te parler...

MADAME TRUCHARD

Y veut pas ! Est-y ostiné ?

MARCEL

Je t'attendrai à mon bureau, cet après-midi !

LHERBIER

Ce sera trop tard... tu penses bien que s'il y avait pas nécessité absolue, je ne serais pas chez toi à sept heures du matin... moi aussi, il m'arrive de dormir... seul ou à deux... mais il faut que tu m'écoutes, maintenant,... c'est très grave !

MARCEL, *regardant vers le lit.*

Eh bien, soit, parle !

LHERBIER

Voilà !... ah... c'est aussi très confidentiel !

MARCEL

Je vous demande pardon, madame Truchard !

MADAME TRUCHARD

C'est parfait, je me r'tire !... Je n'suis pas de celles qui s'imposent ! (*A Marcel.*) Mais Monsieur se rappellera que c'est la seconde fois aujourd'hui qu'on me fait affront ! (*Elle sort avec dignité.*)

SCÈNE V

LES MÊMES, *moins* MADAME TRUCHARD

MARCEL, *nerveusement.*

Eh bien, quoi ? Qu'est-ce qu'il y a ? Combien te faut-il ?

LHERBIER

Mais non, je ne viens pas te taper !... ou plutôt si, mais d'un service qui n'est pas un service d'argent.

MARCEL

C'est autant de gagné !

LHERBIER

Ce n'est pas au vieux camarade que je m'adresse, mais au chef de Cabinet du Ministre des Travaux Publics... Il y va, je te le répète, de l'honneur d'une femme...

MARCEL

Qu'est-ce que c'est que cette histoire-là ?

LHERBIER

En deux mots... mais tu permets ? Je n'ai plus de jambes ! (*Il attire à lui un fauteuil.*) Je viens de passer une nuit blanche, je suis un peu bas de plafond !

MARCEL

Assieds-toi, si tu veux !... ?... mais ne t'endors pas ! Je t'assure que ce n'est pas le moment !

LHERBIER

A qui le dis-tu ?... (*Il s'assied dans le fauteuil, tournant ainsi le dos au lit.*) Voilà... j'ai un ami, un camarade de cercle et d'affaires... Monsieur Pomerois...

MARCEL, *très troublé.*

Pomerois ?

LHERBIER

Tu le connais ?

MARCEL

Oui ! Non... Si... de nom seulement... de nom...

LHERBIER, *simplement.*

Eh ! bien, mon pauvre vieux : Pomerois est cocu !

IRÈNE, *vivement, de son lit.*

Ce n'est pas vrai !

LHERBIER

Je te demande pardon... comment ce n'est pas vrai ? Tu ne le connais pas !

MARCEL, *déclamant.*

Je sais ce que valent les racontars, les calomnies, les infamies, que l'on fait courir à tous propos, sur tout le monde. Madame Pomerois est une femme irréprochable, entends-tu, irréprochable !

LHERBIER

Comment ?... tu ne la connais pas non plus !

MARCEL

C'est vrai, ça !!!...

LHERBIER

C'est une femme irréprochable !

MARCEL, *triomphant.*

Ah !

LHERBIER

Mais c'est une femme irréprochable qui a un amant ! Cela ce n'est pas un racontar, c'est une certitude !

MARCEL

Et le nom... le nom de cet amant... tu le connais ?

LHERBIER

Non !

MARCEL

Bravo !

LHERBIER

Pas encore !

MARCEL

Bravo !

LHERBIER

Mais je le connaîtrai dans une heure ou deux.

MARCEL

Hein ?

LHERBIER

Et Pomerois le connaîtra aussi.

MARCEL

Quoi ?

LHERBIER

Si tu ne prends pas immédiatement les mesures nécessaires pour la sauver !

MARCEL, *remontant au lit.*

Du moment qu'il y a une femme à sauver ! Tu peux compter sur moi ! Je n'hésite pas !... Mais au fait j'y pense, pourquoi diable t'adresses-tu à moi ? Parce qu'enfin, moi... ! je suis tout à fait étranger à cette affaire-là, hein ?...

LHERBIER

Naturellement.

MARCEL

Naturellement ! Alors ?...

LHERBIER

Parce que, par un hasard providentiel, tu es Chef de Cabinet du Ministre des Travaux Publics !

MARCEL

Je ne comprends pas !

LHERBIER

Tu vas comprendre ! En ce moment, Irène est chez son amant ! Irène — c'est madame Pomerois.

MARCEL

Je sais !

LHERBIER

Comment... ? Tu sais... ?

MARCEL

Oui, enfin, c'est-à-dire que je pense bien que ce n'est pas le prénom de la concierge ! Continue !

LHERBIER

Et son mari la croit à... (*Irruption précipitée de Madame Truchard.*)

SCÈNE VI

LES MÊMES, MADAME TRUCHARD.

MADAME TRUCHARD

Monsieur Lherbier, la p'tite dame, ça ne va pas !

LHERBIER

Allons bon !

LHERBIER

Oh ! Ça va pas du tout !

MARCEL

Quelle petite dame ?

MADAME TRUCHARD

La petite dame à Monsieur Jacques ! M'est avis qu'elle est schlass !

MARCEL

Tu as amené une femme ?

LHERBIER, *à Marcel.*

Une petite camarade... je ne pouvais pas la quitter... Comme il fallait gagner du temps... je l'ai amenée. Je vais avec vous Madame Truchard. (*Sortent Jacques et Madame Truchard.*)

SCÈNE VII

IRÈNE, MARCEL.

IRÈNE, *sortant des draps.*

C'est épouvantable !

MARCEL

C'est la petite amie de...

IRÈNE, *lui coupant la parole.*

Je n'te parle pas de cette grue !... je te parle de ce qui se passe chez moi ! Tu as entendu Lherbier ?... Il sait que j'ai un amant ! Alors mon mari doit le savoir aussi !

MARCEL

Rien ne le prouve !

IRÈNE

Mais si !... et il est venu te prévenir !

MARCEL

Il est venu simplement me demander un service... un service dans mes attributions de chef de cabinet...

IRÈNE, *de nouveau très nerveuse.*

Mais il a ajouté : « Il y va de l'honneur d'une femme ! » Tu vois bien... Mon mari sait tout !... ah ! c'est terrible.

MARCEL

Calme-toi, je t'en conjure, calme-toi !

IRÈNE

Mais qu'est-ce qui a bien pu se passer ?

MARCEL

Nous allons le savoir !... Entre un instant dans la salle de bains. Pendant que je cause avec Lherbier... Trop tard ! (*Irène se cache de nouveau sous les couvertures.*)

ADOLPHINE, *en coulisse.*

Oh ! que je suis malade !

SCÈNE VIII

MARCEL, MADAME TRUCHARD, ADOLPHINE, LHERBIER, IRÈNE, *cachée sous les couvertures.*

MARCEL

Comment ? Vous l'amenez maintenant !... (*Adolphine entre par deuxième plan droite avec Madame Truchard qui la soutient.*) Nom de Dieu ! la femme de chambre !

ADOLPHINE

Oh ! que je suis malade !

MADAME TRUCHARD

Dame on ne pouvait pas la laisser toute seule dans l'entrée, c'te pauvre gosse ! (*Elle fait asseoir Adolphine sur la banquette au pied du lit.*)

ADOLPHINE

Oh ! tout tourne !

MADAME TRUCHARD

Calmez-vous mon enfant, on va vous soigner !

ADOLPHINE

Oh ! oui, soigne-moi... t'as bon cœur, toi !

MADAME TRUCHARD

Mais...

ADOLPHINE

Si ! si ! t'as une sale gueule, mais t'as bon cœur. (*Se lève, s'accroche à Lherbier.*) C'est le champagne... (*Elle le regarde.*) Toi aussi, t'as une sale gueule !... (*Elle le lâche pour s'accrocher à Marcel.*) Je suis complètement paf ! ... oh ! oh ! ça y est !

LHERBIER

Qu'est-ce qu'il y a ?

ADOLPHINE

J'ai des visions !

LHERBIER

Des visions !

ADOLPHINE

Si ! si ! oh ! là là je vois le gigolo de Madame. Oh ! que je suis malade ! Dieu que je suis malade ! *(Elle va s'asseoir sur la banquette au pied du lit.)*

MARCEL

Allez-vous en ! Allez-vous en ! *(A Lherbier.)* Emmène-la je t'en conjure !

ADOLPHINE, *pleurant.*

Oh ! je vais mourir... Je sens que je vais mourir... J'ai des hallu... ci... na... tions... et quand c'est qu'on a des hallu... na... tions c'est qu'on va mourir !

LHERBIER, *lui tapant les mains.*

Voyons mon petit coco, un peu d'énergie, que diable !

ADOLPHINE

Tout tourne ! Je vais mourir !

MARCEL

Si vous voulez, mais pas chez moi !

MARCEL *chante. Pendant ce chant, Adolphine rit tout le temps.*

I

Comprenez-moi ma p'tite,
J'ai beau être indulgent,
Sans que j'vous y invite
Vous entrez céans !
J'ai déjà une visite
Ici vous êt's de trop,
Allez soigner votr' cuite
En bas chez le bistrot !

Refrain.

Adolphine (*bis*)
Ayez donc un bon mouv'ment
Vous s'rez mieux j'imagine
Dans un p'tit moment
Adolphine (*bis*)
Vous avez évidemment
Déjà bien meilleur' mine
Fichez-moi l'camp viv'ment!

II

Quand on a la têt' lourde,
L'grand air est indiqué
Voyons n'fait's pas la gourde
C'est pas compliqué!
Vous descendez trois marches
Et vous vlà sur l'trottoir.
Allons... en avant... marche!
T'es vraiment trop noir!

Refrain.

Adolphine (*bis*)
Ayez donc un bon mouv'ment
Vous s'rez mieux j'imagine
Dans un p'tit moment
Adolphine (*bis*)
Vous avez évidemment
Déjà bien meilleur' mine
Fichez-moi l'camp viv'ment!

III

ADOLPHINE *va à Marcel et s'accroche à lui.*

J'voudrais bien pour vous plaire
Faire c'que vous demandez
Mais c'est pas d'la p'tite bière
Que j'ai z'ingurgité!

Tout tourne dans ma caf'tière
Et je n'sens plus mes pieds
C'est pas la peine vieux frère
De me répéter :

(Refrain. Pour le premier refrain, Adolphine seule. A la fin du refrain, elle tombe sur le canapé près du lit. Pour la deuxième fois, Marcel, Lherbier et Madame Truchard chantent avec elle.)

MARCEL, *parlé, à Lherbier.*

Va chercher une voiture, et emmène-la tout de suite !

MADAME TRUCHARD

Il faut la coucher immédiatement !

MARCEL, *suffoqué.*

La coucher !

MADAME TRUCHARD

Elle a les mains glacées !... *(Elle la déchausse rapidement)*, les pieds aussi... il n'y a pas une minute à perdre ! *(Elle commence à la déshabiller.)*

MARCEL

Pardon, pardon... je m'oppose absolument... je suis chez moi !

MADAME TRUCHARD, *sévère.*

Monsieur, quand il y a une malade dans la maison, l'infirmière est seule juge des dispositions à prendre !... Par où ça se défait-il ce truc-là ?

ADOLPHINE

Par devant !

MADAME TRUCHARD

C'est une question d'humanité... est-ce que, par hasard, vous n'auriez pas de cœur ?

MARCEL

J'ai du cœur, mais je n'ai pas de lit !

MADAME TRUCHARD

Et ça ?... c'est un piano à queue ?

TOUS

Quoi ?

ADOLPHINE, *plaintive.*

Ah ! je m'en vais, je sens que je m'en vais !

MARCEL

Voyez... elle-même se rend compte de la situation... elle veut s'en aller !

MADAME TRUCHARD, *très digne.*

Assez de mots à double entente, Monsieur. (*A Lherbier.*) Allons, dépêchons, aidez-moi à la déshabiller... (*Lherbier obéit.*) Et vous, qui avez du cœur, expliquez à votre ami qu'on ne peut pas jeter à la rue une femme dans un état aussi grave !

LHERBIER, *à Marcel.*

Au fond, elle a raison, tu sais... cette petite ne peut pas s'en aller ainsi... garde-la une heure dans ce lit !

MARCEL

Mais il y a déjà quelqu'un !

LHERBIER

Qu'est-ce que ça fait ? Dans l'état où elle est, elle ne sera pas gênante... et elle ne tiendra pas beaucoup de place !

MADAME TRUCHARD

Allons, ma mignonne, venez, ça ne sera rien... je sais ce que c'est... j'ai soigné mon mari pendant 20 ans, il rentrait pochard six fois par semaine... venez au dodo... (*Lherbier la prend par-dessous les bras, Madame Truchard par les pieds — ils la portent au lit en la balançant — et en disant.*) Allez une ! Deux ! Et trois !

IRÈNE

C'est complet.

MADAME TRUCHARD

Quand il y en a pour deux y en a pour trois !

MARCEL, *se précipitant au lit.*

Madame Truchard, je vous interdis formellement... (*A Lherbier qui aide Madame Truchard à transporter Adolphine.*) Et à toi aussi...

MADAME TRUCHARD

Assez, ne l'écoutez pas, Monsieur... c'est un sans-cœur. Nous ne recevons d'ordres que de notre conscience !

LHERBIER, *à Marcel.*

Mais oui... voyons... tu n'es pas raisonnable !... laisse-nous faire !

MARCEL, *furieux.*

Alors, je ne suis plus le maître chez moi ! Toi, mon vieux, tu me paieras ça ! Et vous, Madame Truchard, je vous fous à la porte, vous entendez, je vous fous à la porte !

MADAME TRUCHARD, *très digne.*

Bien Monsieur ! C'est la première fois qu'on me parle sur ce ton, à moi, la veuve d'un adjudant, ex-trompette solo de la Garde Républicaine... monsieur le regrettera... (*Retirant son tablier.*) A partir de cet instant, je suis déliée de toute obligation envers Monsieur !

MARCEL

C'est ça... fichez le camp et qu'on ne vous revoie plus !

MADAME TRUCHARD

Mais je reste à la disposition de la pauvre malade. Je ferai mon devoir jusqu'au bout !

ADOLPHINE

Oh ! toi, t'as bon cœur !

MADAME TRUCHARD

Vous entendez, ce qu'elle dit, Monsieur ! J'ai bon cœur !

ADOLPHINE

Oui, t'as bon cœur, t'as une sale gueule ! Mais...

MADAME TRUCHARD, *en sortant.*

Oui... oui... ça va...

SCÈNE IX

MARCEL, LHERBIER, ADOLPHINE *et* IRÈNE, *couchées et invisibles.*

LHERBIER

Tu devrais bien comprendre, mon cher...

MARCEL

Toi, mon vieux, nous réglerons cela plus tard... Pour le moment, veux-tu me dire enfin ce que tu es venu faire chez moi ?

LHERBIER, *ahuri.*

Ce que je suis venu faire ?... Qu'est-ce que je suis venu faire... Ah ! oui... tu m'y fais penser... il n'y a pas une minute à perdre... Figure-toi que Pomerois...

MARCEL

Encore ?... Pourquoi toujours le nom de Pomerois ?

LHERBIER

C'est sa femme qu'il faut sauver !

MARCEL

Elle court un danger ?

LHERBIER

Très grave !... Une catastrophe !... Que dis-je ?... deux catastrophes !

MARCEL, *affolé.*

Vite, vite, parle !... (*Entre madame Truchard.*)

SCÈNE X

LES MÊMES, MADAME TRUCHARD.

MADAME TRUCHARD

Monsieur, bien que je ne sois plus au service de Monsieur, je dois prévenir Monsieur, qu'il y a là un monsieur qui demande Monsieur !

MARCEL

Un monsieur ?

MADAME TRUCHARD

Qui demande Monsieur et qui ne veut pas s'en aller sans avoir vu Monsieur !

MARCEL

A cette heure-ci ?... Impossible... Je ne reçois pas.

MADAME TRUCHARD

Voici sa carte, Monsieur...

MARCEL, *prenant la carte.*

Pomerois, nom de Dieu !... (*On entend un cri sous les draps.*) Qu'il n'entre pas ... Qu'il n'entre pas !

LHERBIER

C'est Pomerois... Qu'il ne me voie pas surtout... tout serait perdu... Où me cacher ? (*Il court autour du lit, et, se trouvant au côté gauche du lit, lève la couverture, voit Irène et dit.*) Oh ! madame Pomerois !...

IRÈNE

Non ! c'est pas moi !

LHERBIER

Si !... Ah ! c'était madame Pomerois !... Et son mari qui est là !... Où me cacher ? Oh ! par ici ! (*Il sort à droite.*)

MARCEL, *à madame Truchard.*

Renvoyez-le !... Fermez les portes !... Qu'il n'entre pas... Ma bonne madame Truchard, au nom du ciel ! qu'il n'entre pas !

MADAME TRUCHARD, *sortant.*

Oh ! pardon, Monsieur, ça ne me regarde pas. Je ne suis plus au service de Monsieur ! (*La tête affolée d'Irène apparaît.*)

IRÈNE

Mon mari !... il sait tout !... Je suis perdue !

MARCEL

Ne t'inquiète pas... Je vais le renvoyer ! (*Il se précipite vers la porte de droite. Mais trop tard. Entre Pomerois conduit par madame Truchard qui se retire en ricanant. Irène n'a que le temps de se cacher de nouveau sous les draps.*)

SCÈNE XI

LES MÊMES, *moins* LHERBIER, *plus* POMEROIS.

MARCEL, *à Pomerois.*

Monsieur, vous violez mon domicile !

MADAME TRUCHARD

Faut-il aller chercher le commissaire ? (*Elle sort en ricanant.*)

MARCEL, *épouvanté.*

Le commissaire est là aussi ?

POMEROIS

Mais non, Monsieur, je suis venu seul !

MARCEL

Enfin, de quel droit ?

POMEROIS

Monsieur, excusez cette démarche insolite... Il faut absolument que je vous parle !

MARCEL

Je suis ici chez moi, Monsieur, ne l'oubliez pas ! Si vous avez des griefs à faire valoir... il y a les tribunaux !

POMEROIS

Ah ! il s'agit bien des tribunaux... C'est à vous que j'ai affaire, à vous seul...

MARCEL

Soit ! Nous nous retrouverons sur le terrain que vous choisirez... Mais il faut vous retirer !

POMEROIS

Pas avant de savoir si ma femme...

MARCEL

Je n'ai rien à vous dire, Monsieur...

POMEROIS

Un mot seulement... Est-elle vivante ?

MARCEL, *absolument déconcerté.*

Vivante... mais...

POMEROIS

Oui, vous n'êtes pas au courant... Il faudrait que je vous explique... Deux minutes, Monsieur, accordez-moi deux minutes, je vous en supplie... Si vous saviez dans quel état je suis ?

MARCEL

Soit !... Mais vous vous retirerez aussitôt après ?... J'ai votre parole !...

POMEROIS

Je m'y engage sur l'honneur... Vous permettez, Monsieur ? (*Il s'assied.*)

MARCEL

Non.

POMEROIS

Merci. Pas longtemps ! Bien aimable ! (*Il s'assied,*

déposant son chapeau à côté de lui. A Marcel.) Asseyez-vous, Monsieur, vous me donnez mal au cœur. *(Marcel s'assied sur le chapeau.)*

POMEROIS, *navré, contemplant le chapeau écrasé.*

Oh !... je l'ai acheté ce matin !... Voici en deux mots... Ma femme était allée hier soir accompagner à la gare de Lyon, sa tante, madame veuve Verduret. Vous connaissez la moutarde Verduret ? La seule...

MARCEL

Oui... oui... la seule qui ne vieillisse pas !

POMEROIS

En verdissant... c'est ça... Madame Verduret, qui rentrait à Dijon, par le rapide de...

MARCEL, *étourdiment.*

De Nice... Je sais... Continuez !

POMEROIS, *surpris.*

Vous le saviez ?...

MARCEL

Bien entendu !... En ma qualité de chef de Cabinet du ministre des Travaux publics, je suis renseigné sur les voyageurs importants qui se déplacent !

POMEROIS

C'est admirable ! Quelle administration !

MARCEL

Abrégez, Monsieur... mes instants sont précieux !

POMEROIS

Vos instants sont précieux, les miens aussi !

MARCEL

On ne le dirait pas !

POMEROIS

Donc, ma femme a accompagné sa tante au train... et elle est montée avec elle, dans le...

MARCEL

Wagon !

POMEROIS

... Compartiment !... Asorbée par sa conversation

avec cette parente tendrement chérie... elle n'a pas entendu le signal du chef de gare et le train est parti, emmenant, malgré ses protestations, ma femme jusqu'à La Roche, cent cinquante-cinq kilomètres.

MARCEL *se lève, lui tendant la main pour le faire partir.*

Eh bien ! Monsieur, ces choses-là arrivent tous les jours, qu'est-ce que vous voulez que j'y fasse ? (*Le poussant vers la porte.*) Ces détails ne me regardent pas... Vous vous arrangerez avec la Compagnie !

POMEROIS, *s'accrochant à lui.*

Je n'ai pas fini !

MARCEL

Oh !

POMEROIS

Monsieur, le rapide a eu un accident !

MARCEL, *sursautant.*

Un accident ?

POMEROIS

Terrible ! Le rapide a été tamponné par un train de marchandises !

MARCEL

Vous en êtes sûr ?

POMEROIS

Oui !... Vous permettez ! ? Lisez, Monsieur... Voici la troisième édition qui annonce le fait !... et la quatrième qui donne tous les détails !... (*Il lui montre les journaux.*)

POMEROIS, *lisant le journal.*

Le train de luxe deux bis
Lequel part à huit heures dix
Avait démarré dar' dare
Au signal du chef de gare.
Il avait passé Bercy,
Brunoy, Combs-la-Vill' Quincy

Lorsqu'au kilomètre vingt-six
On entendit un grand bruit...

(Terrassé par l'émotion, il cesse de lire et laisse tomber le journal. Marcel s'en saisit et continue.)

MARCEL

Sur une voie de garage
Une erreur de l'aiguillage
Avait dirigé le train
Qui marchait à quatre-vingts.
Un convoi de marchandises
A la même heure précise
Y débouchait justement...
Ah! quel horrible accident!

POMEROIS

Ah! Monsieur
C'est affreux!
J'en suis encor dans les transes...

MARCEL

Mais aussi
Je vous l'dis
C'est bien peu de clairvoyance,
Quelle terrible imprudence
Quelle folle conséquence
Pourquoi donc tous ces gens-ci,
Ces gens-ci voyageaient-ils?

POMEROIS, *qui a repris le journal.*

Aussitôt télescopage...
Les deux fourgons de bagages
Gisaient sens dessus dessous
Sur les rails et l'garde-fou
Et des têtes affolées
Dans cette nuit étoilée,
Au comble de la terreur
Poussaient d'horribles clameurs...

MARCEL

Un homme en gilet de flanelle
Appelait : Adèle! Adèle!

Un gosse en chemise de nuit
Répétait : Pipi! Pipi!
Une sœur cherchait son frère,
Un gendre sa belle-mère,
Mais dans le secret espoir
De ne jamais la revoir.

Ensemble.

Ah ! Monsieur !
C'est affreux !
J'en suis encor dans les transes.

MARCEL

Mais aussi,
Je vous l'dis,
C'est bien peu de clairvoyance.
Quelle terrible imprudence,
Quelle folle inconséquence,
Pourquoi donc tous ces gens-ci,
Ces gens-ci voyageaient-i' ?

POMEROIS

Imaginez ma détresse.
Mais surmontant ma faiblesse,
Je file à la gar' de Lyon.
On m'renvoie à Charenton !
Là, je trouve un homm' d'équipe
En train de fumer la pipe.
Il m'dit : un accident, bon !
Ça doit être à Montgeron.

Tout' la nuit, ah ! quelle guigne !
J'errai le long de la ligne,
Dans un taxi Citroën.
L'chauffeur s'est trompé d'chemin...

Ce matin, au ministère,
Un concierge débonnaire
M'a dit : Si vous êtes inquiet,
Voyez l'chef de cabinet.

Et m'voici,
Tout transi,
Le cœur rempli de tristesse.

MARCEL

Nom d'un chien !
Quel crétin !
C'est de l'indélicatesse.
Quelle insigne maladresse
De vous donner mon adresse !
Je vous en fous mon billet,
Je f'rai révoquer l'pipelet !

POMEROIS

Voilà, Monsieur, toute la vérité, l'affreuse vérité !

MARCEL, *nerveux.*

Et qu'est-ce que vous voulez que j'y fasse ?

POMEROIS

Je vous supplie de me renseigner !

MARCEL

Mais, sapristi ! je ne sais rien, moi, Monsieur ! C'est la première nouvelle !... Je ne sais rien, Monsieur, je ne sais rien... (*On entend un gémissement sous les draps — Irène ou Adolphine. — Ce problème ne sera jamais élucidé.*)

POMEROIS

Il ne veut rien me dire... (*Il s'assied sur le lit. Un cri.*) Ah ! vous n'étiez pas seul ?... Je m'excuse... (*Remarquant les deux corps qui se dessinent sous les draps.*) Oh ! nom de nom !... (*Avec intention.*) Je m'excuse... doublement !

MARCEL

Encore une fois, Monsieur, les apparences...

POMEROIS, *indulgent, parlant au lit.*

Excusez-moi. (*A Marcel.*) Vous me voyez navré de vous avoir dérangé... mais il s'agissait de ma femme... vous comprenez mon insistance... mon entrée incongrue...

MARCEL

Je comprends... jusqu'à un certain point... Les journaux dramatisent toujours ! Je parie qu'il s'agit d'un banal accident de rien du tout, d'un petit tamponnement enfantin comme il s'en produit journellement, avec quinze ou vingt victimes tout au plus... Ça n'a aucune importance... De mon côté, je vais me renseigner. Au ministère des Travaux publics, on finira bien par savoir quelque chose, ne serait-ce que par les journaux ! Aussitôt fixé, je me ferai un devoir de vous prévenir.

POMEROIS

Si vous aviez quelque chose à me dire, vous avez mon adresse : 242 *bis*...

MARCEL

Rue de Rivoli...

POMEROIS

Comment ! vous connaissez mon adresse ?...

MARCEL

Ah ! au ministère des Travaux publics, on est très bien renseigné !

POMEROIS

Quelle admirable administration ! (*Il sort. Rentrant presque aussitôt.*) Oh ! je vous demande pardon, je ne me rappelle pas si je vous ai serré la main...

MARCEL

Trois fois, Monsieur... Trois fois... Mais ça ne fait rien...

POMEROIS *s'assied sur la banquette.*

Je suis un pauvre homme, Monsieur, tourmenté d'inquiétude et de remords !

MARCEL

De remords ?

POMEROIS

Oui, ma femme, ma chère femme... Je l'aime bien, vous savez... et je me conduis si mal avec elle !

MARCEL

Vous la trompez ?

POMEROIS

A la journée, à l'heure et à la course... Vous comprenez, nous sommes mariés depuis six ans et Irène n'a aucun tempérament.

MARCEL, *riant, à Irène qui montre sa tête.*

Tandis que vous...

POMEROIS

Volcanique, Monsieur, je suis volcanique, c'est de la lave qui coule dans mes veines !

IRÈNE

Il se vante !

POMEROIS

Mais non, Monsieur, je ne me vante pas, mes dactylos, mes clientes, allez, hop !... mes femmes de chambre, allez, hop !... toutes... toutes... il faut qu'elles y passent...

IRÈNE

Misérable !

POMEROIS

Vous dites ?... Oui, vous avez raison, Monsieur, je suis un misérable. Tenez, en ce moment, la nouvelle femme de chambre... allez, hop !

IRÈNE

C'est du propre !

POMEROIS

Très propre... Imaginez-vous une rose trémière montée sur deux tiges de pois de senteur... avec deux petites mandarines sur le devant et un melon rebondi sur le derrière.

ADOLPHINE, *dans le lit.*

C'est pas vrai...

POMEROIS

Mais si, mais si, je vous assure... des hanches, des seins, des yeux... un vrai morceau de roi.

ADOLPHINE

Il est gentil, le singe !

POMEROIS

Malheureusement, un moral déplorable, dessalée, provocante et un vocabulaire, mon cher !

MARCEL

Bref, un petit veau !

POMEROIS

Comme vous dites !

ADOLPHINE

Chameau !

POMEROIS

Oui, c'est bien l'épithète qui lui convient.

ADOLPHINE

Vache !

POMEROIS

Oh ! cette fois, vous allez un peu fort, Monsieur le Chef de Cabinet !

MARCEL

Moi ? Mais je n'ai rien dit !

POMEROIS

Ah ! Il m'avait semblé entendre... Alors, vous comprenez, s'il était arrivé quelque chose à ma femme. (*Il pleure.*) pendant que moi, je... je ne m'en serais jamais consolé !

MARCEL

Rassurez-vous. Il ne lui est rien arrivé... Au revoir, cher Monsieur. (*Ils se serrent la main.*) Rentrez tranquillement chez vous. Votre femme ne tardera pas à vous y rejoindre.

POMEROIS

Au revoir, cher Monsieur. Au revoir, Mesdames. (*Pomerois a son chapeau à la main en tenant la main de Marcel et Marcel garde le chapeau dans la main droite. Pomerois sort, oubliant son chapeau et rentre presque aussitôt.)*

MARCEL, *excédé.*

Eh bien ! quoi ? Qu'est-ce qu'il y a encore ?

POMEROIS

Ah ! monsieur, je perds la tête... j'ai oublié mon chapeau !

MARCEL

Votre chapeau ? (*Se tourne pour regarder à gauche.)*

POMEROIS, *voyant le chapeau dans la main de Marcel.*

Non, non, ne cherchez pas... le voilà !

MARCEL

Oh ! je vous demande pardon...

POMEROIS

Et puis, dites donc, si vous avez besoin de renfort, ne vous gênez pas ! Mesdames, mes hommages ! Et excusez-moi... Au revoir, et si vous aviez besoin de moi... je suis là, hein ?... 242 *bis*... Mesdames... Cochon, va ! (*Sortie.*)

MARCEL

Je vous accompagne. (*Il sort.*)

SCÈNE XII

IRÈNE, ADOLPHINE.

IRÈNE, *surgissant des draps.*

Ça, c'est trop fort, par exemple !... Monsieur me trompe et il s'en vante... et avec qui ?... avec ma femme de chambre, qui est là, à côté de moi !... Quel toupet !... et elle dort ! Allez, ouste ! debout et dehors ! (*Elle la secoue.*)

ADOLPHINE

Madame ! Madame a sonné ?

IRÈNE

Alors, c'est pour ça que vous êtes entrée chez moi ?... Pour coucher avec le patron ?...

ADOLPHINE

Pour le moment, je couche avec la patronne et je vous fiche mon billet que c'est pas pour mon plaisir !

IRÈNE

Oh ! tenez, vous m'énervez ! J'vais m'habiller dans la salle de bains. (*Regardant Adolphine.*) Et vous, vous n'allez pas rester comme ça, habillez-vous.

ADOLPHINE

Je peux pas...

IRÈNE

Pourquoi ?

ADOLPHINE

J'suis vaseuse !

IRÈNE

Oh ! qu'elle m'énerve !...

ADOLPHINE

J'vais essayer tout de même. (*Elle descend en trébuchant légèrement et en riant. Puis elle lève un doigt pour se diriger sur le trou du souffleur.*)

COUPLETS

I

Je sais pas si c'est la chaleur,
Il m'a passé comme un' vapeur
Très endormeuse.
J'avais les genoux cotonneux,
Et soudain j'ai fermé les yeux.
Je suis vaseuse.
Hier au soir, s'il m'en souvient bien,
J'ai liché à gobelets pleins

Trop de champagne.
Aussi, j'ai la bouche en pitchpin,
Et mon cervelet, ce matin,
Bat la campagne.
Refrain.
N'essayons jamais de comprendre,
C'est trop fatigant.
La vi' est un' blagu', faut la prendre
Sans savoir pourquoi ni comment.
S'il vous tombe un' tuil' sur la tête,
R'cevez-la gaîment.
Lorsque l'on est jeune et bien faite,
Y a toujours de l'agrément.

II

J'avais pris la résolution
D'éviter toute occasion
Libidineuse,
Et de briguer le prix Montyon
En manièr' de compensation
Très vertueuse.
C'est pourquoi ça m'en bouche un coin
Dans ce lit qui sent le benjoin,
La tubéreuse,
De m'éveiller près d'un témoin,
Même du sexe féminin.
C'que je suis vaseuse !
(*Au refrain.*)

(*A la fin du deuxième refrain, elle envoie un baiser et remonte.*)

MARCEL *entre de droite.*

Ah ! quel crampon !

IRÈNE, *entrant de gauche.*

Comment, vous êtes encore là. Oh ! cette fille !

MARCEL

Je t'en prie, ne la bouscule pas ; prends-la par la

douceur. (*Brutalement.*) Foutez-moi le camp ! (*Il lui passe ses effets et la fait sortir.*)

ADOLPHINE, *sortant.*

Ah ! j'suis vaseuse ! (*Elle sort.*)

SCÈNE XIII

IRÈNE, MARCEL.

MARCEL, *à Adolphine qui sort.*

Allez vous habiller. (*A Irène.*) Ma chérie...

IRÈNE

Oh ! ne m'approchez pas, vous me faites horreur.

MARCEL

Horreur ! Pourquoi ?

IRÈNE

Quand je pense qu'à cause de vous j'ai couché dans un lit avec ma femme de chambre, quelle honte !

MARCEL

Mon Dieu ! ne dramatisons pas les choses !

IRÈNE

Et mon mari ! dis-le-moi ! Mon mari, qu'en faites-vous, de mon mari ?

MARCEL

Je n'en fais rien. Je l'ai assez vu.

IRÈNE

Vous comprenez bien qu'après ce qui vient de se passer, toutes relations entre nous sont désormais impossibles !

MARCEL, *allant à elle.*

Alors, tu ne m'aimes plus ?

IRÈNE, *assez dure.*

Je ne vous aime plus !

MARCEL, *la prenant les yeux dans les yeux.*

Tu ne m'aimes plus ?

IRÈNE, *plus mollement.*

Non, je ne t'aime plus !

MARCEL

Non ! Regarde-moi. (*Brusquement, il embrasse sur la bouche Irène consentante.*)

VALSE

IRÈNE

I

Dès que je vois tes grands yeux sur moi,
Je sens frissonner tout mon être.
Et je ne puis cacher mon émoi,
Malgré moi je le laisse apparaître.

Refrain.

T'aimer librement, sans mystère,
Serait mon grand bonheur sur terre.
Et je voudrais, près de toi nuit et jour,
Vivre mon rêve d'amour.
Hélas ! ce n'est qu'une chimère !
Il faut nous cacher et nous taire.
Nos instants si doux,
Et nos désirs fous,
Sachons les garder pour nous.

II

Quand je t'entends murmurer, chéri !
De tendres mots à mon oreille,
Très doucement tout mon corps frémit.
Je ressens une joie sans pareille !

(*Refrain et danse.*)

MARCEL

Mais ne perdons pas de vue le but essentiel à atteindre, endormir les soupçons toujours possibles de ton mari...

IRÈNE, *s'assied.*

Que faire ?

MARCEL

Ah ! voilà, que faire ?

IRÈNE

Que dit le journal exactement ?

MARCEL

Je ne sais pas moi, je n'ai pas de journal !

IRÈNE

Mais si, tu en as un dans ta poche... Eh bien, regarde !...

MARCEL

Oh ! oui ! Tiens, c'est même celui de ton mari !

IRÈNE

Il pense à tout, au moins, lui !

MARCEL

Charmant !

IRÈNE

Eh bien, que dit le journal ?

MARCEL

Rien. Il ne dit rien... Terrible catastrophe... Nombreux blessés... le Préfet de Seine-et-Marne est sur les lieux, etc... etc... ah ! attends... attends... (*Lisant.*) Les voyageurs indemnes ou blessés légèrement seront ramenés à Paris par un train de secours, qui arrivera à la gare de Lyon entre neuf heures moins le quart et neuf heures !

IRÈNE

Alors je suis blessée ?

MARCEL

Mais non !

IRÈNE

Alors, je suis indemne ?

MARCEL

Evidemment !

IRÈNE

Eh bien, comme le train de secours arrive à neuf heures et que je suis indemne, il faut que je sois rentrée à la maison à neuf heures et demie.

MARCEL

C'est ce que j'allais dire, alors file et saute dans un taxi.

IRÈNE

Qu'est-ce que je vais faire ?... J'ai une heure à tuer... Oh ! je vais aller au cinéma !

MARCEL

A huit heures du matin !

IRÈNE

Mais il y en a qui sont permanents.

MARCEL

Oh ! je ne sais pas, moi, j'y vais jamais... Attends ! Au retour, tu t'arrêteras à la gare de Lyon, tu règleras ton taxi, tu en prendras un autre...

IRÈNE

Comprends pas !

MARCEL

Afin que si, par hasard, tu rencontrais ton mari avant de rentrer, le chauffeur puisse bien certifier qu'il t'a chargée à la gare de Lyon !

IRÈNE

Oh ! c'que t'es vicieux !

MARCEL

Et à neuf heures et demie, entends-tu ?... neuf heures et demie exactement...

IRÈNE

Exactement !

MARCEL

Tu rentreras chez toi, comme si tu étais arrivée par le train de secours... (*Irène remonte.*) Attends, je le répète, tu es une des rares voyageuses indemnes...

IRÈNE

Compris !

MARCEL

Indemne, mais bouleversée... encore sous le coup de l'effroyable émotion ressentie.

IRÈNE

Mais oui...

MARCEL

Oui, mais sauras-tu te mettre dans la peau du personnage ?

IRÈNE

Très bien. J'aurai l'œil hagard, les cheveux en désordre, le visage décomposé, le corps secoué de tremblements nerveux...

MARCEL

Bravo... et tu feras en grelottant de fièvre...

IRÈNE

Le terrible récit de la catastrophe... Mais alors, il faudra que je mente ?

MARCEL, *sincère.*

Évidemment, mais tu ne sauras jamais !

IRÈNE

Oh ! si !

MARCEL, *lui donnant le journal.*

Inspire-toi de cet article. Il est très bien fait, très dramatique, travaille-le dans le taxi. (*Adolphine entre de gauche.*)

ADOLPHINE

Me v'là prête.

IRÈNE, *la voyant.*

Oh ! cette fille, cette fille !

MARCEL

Ne lui dis rien, elle va nous être utile... (*A Adolphine.*) Vous, Adolphine, vous allez rentrer et tenir compagnie à Monsieur Pomerois...

ADOLPHINE

Dans son lit ?

IRÈNE, *suffoquée.*

Oh ! elle ne pense qu'à ça !

MARCEL

Ce n'est pas indispensable. Mais enfin, faites le nécessaire. Inspirez-vous des circonstances.

ADOLPHINE, *résignée.*

Je ferai le nécessaire.

IRÈNE

Oh ! cette fille ! Oh ! cette fille !

MARCEL

Nous n'avons pas le choix des moyens... Va et souviens-toi bien de mes recommandations...

IRÈNE, *affolée et bafouillant.*

Oui, prendre un taxi, le quitter gare de Lyon... en descendre les yeux ébouriffés... les cheveux hagards... en désordre, l'œil dans le taxi...

MARCEL

Mais non ! Mais non !

IRÈNE

J'ai compris ! j'ai compris ! (*Sortie.*)

SCÈNE XIV

MARCEL, *à droite ;* ADOLPHINE, *dormant dans le fauteuil, puis* MADAME TRUCHARD.

MARCEL

Ouf ! Pour elle, c'est réglé... Voyons, ne nous affolons pas... Lherbier, où est Lherbier ?... est-il là ? est-il là ? (*Se retourne, voit Adolphine.*) Oh ! elle dort... elle dort... (*Allant la secouer.*) Lherbier, où est Lherbier ?

ADOLPHINE

M'en fous !

MARCEL, *appelant.*

Lherbier ! Lherbier ! Où est-il ?... (*Madame Truchard entre.*)

ADOLPHINE, *la voyant entrer.*

Tiens, vlà la momoche !

MADAME TRUCHARD

Monsieur !...

MARCEL

Qu'est-ce qu'il y a encore ?

MADAME TRUCHARD, *très digne.*

Voici mon tablier, Monsieur, et si Monsieur veut bien me régler mon petit compte...

MARCEL

Ah ! non, madame Truchard... Je vous en conjure.... Vous n'allez pas compliquer la situation ?

MADAME TRUCHARD

Monsieur m'a mise à la porte après m'avoir gravement offensée.

MARCEL

Je vous fais mes excuses !

MADAME TRUCHARD

Ça ne suffit pas ! Je suis veuve d'un adjudant...

MARCEL

Oui, ex-trompette solo... C'est entendu, je vous augmente...

MADAME TRUCHARD

De... combien ?

MARCEL

De cent francs !

MADAME TRUCHARD

Ça suffit. Tout mon dévouement est acquis à Monsieur...

MARCEL

Bien. Demandez-moi la communication avec le ministère des Travaux Publics.

MADAME TRUCHARD

Voilà ! *(Allant au téléphone, à droite.)* Allo ! donnez-moi le ministère des Travaux publics. Oui, cabinet du Ministre...

MARCEL, *parlant en même temps à Adolphine.*

Lherbier, où est Lherbier ?

ADOLPHINE

M'en fous, que j'te dis !

MARCEL, *allant ouvrir la porte de droite.*

Il est là !... et il dort ! Il dort... Allons, debout !

JACQUES, *en coulisse et entrant.*

Hein ! Quoi ? Quelle heure est-il ?

MARCEL

L'heure de ficher le camp !

MADAME TRUCHARD, *entrant.*

Monsieur, le ministère est à l'appareil ! *(Lherbier veut y aller.)*

MARCEL

Mais non, c'est pas pour toi... *(Prend l'acoustique.)* Allo ! oui !... Allo... quoi... qui est là ? Le concierge ?

ADOLPHINE, *sur le fauteuil.*

Cordon, si ou plaît ?

MARCEL

Ah ! ah ! c'est vous, Roussel ?

ADOLPHINE

Bonjour, Roussel !

MARCEL

Ici, monsieur Lacouture !

ADOLPHINE

Salut, Lacouture.

MARCEL

Oh ! non, je vous en prie... Dites-moi, ces messieurs sont-ils arrivés ? Pas avant onze heures... oui, je sais, mais je pensais qu'en raison des circonstances exceptionnelles... Comment ? Il n'y a pas de circonstances exceptionnelles !... Eh bien, et l'accident ?... hein ! quoi ! vous dites ?... (*Fait signe à Lherbier de s'approcher.*) Répétez, il n'y a pas d'accident ?...

LHERBIER

Quoi ?

MARCEL, *continuant.*

C'est une mystification...

ADOLPHINE

Ah ! c'est marrant...

MARCEL

Voyons, Roussel, c'était annoncé dans les journaux d'hier soir... quoi ?... c'est démenti dans les journaux du matin... et Irène qui est partie à la gare de Lyon...

LHERBIER

Qu'est-ce que tu dis, voyons ?

MARCEL

Oh ! oui, qu'est-ce que je dis... C'est idiot !

CHANT

TOUS, *chanté.*

Il n'y a pas de catastrophe !

MARCEL, *chanté.*

Il n'y a pas de catastrophe !

JACQUES

Ça, c'est vraiment renversant !

ADOLPHINE

Exorbitant !

MADAME TRUCHARD
Ahurissant !

JACQUES
Il faut être philosophe.
Tout s'arrange excellemment,
Puisqu'il n'y a pas de catastrophe,
Rentrons chez nous tranquill'ment !

MARCEL
Pardon ! Pardon !
Selon toutes mes prévisions,
Je prévois des complications.
Car en c'moment, Irène,
Qui file à la Gare de Lyon,
Ignore, quelle déveine !
La nouvelle version !

MADAME TRUCHARD, *passant milieu.*
Je vais la chercher d'urgence.
Je prends mes jamb's à mon cou.

MARCEL
Ah ! je renais à l'espérance !

MADAME TRUCHARD
Je suis toute à vous.

JACQUES
Je n'y comprends rien du tout !

ADOLPHINE
Il n'y comprend rien du tout !

ADOLPHINE, *parlé.*

C'est vrai, ça, tu comprends rien du tout... (*Elle les prend par le bras.*)

N'essayez jamais de comprendre,
C'est trop fatigant !
La vi' est un' blag' faut la prendre
Sans savoir pourquoi ni comment !
S'il vous tombe une tuil' sur la tête,
R'cevez la gaîment !
Lorsque l'on est jeune et bien faite,
Y a toujours de l'agrément !

(Elle tombe dans les bras de Lherbier qui l'emmène s'asseoir à gauche.)

MARCEL, *à Lherbier et à madame Truchard.*

Elle est encore paf, évidemment.
Mais tout n'est pas faux dans son raisonnement.
Irèn' me l'disait il n'y a qu'un moment !

L'amour est un jeu
Hasardeux,
A péripéties.
Pour charmer, il veut,
Pour enjeu,
De la fantaisie,
De l'inattendu,
Beaucoup d'imprévu.
Un peu de pittoresque,
L'attrait éperdu
Du fruit défendu
Et du romanesque.

Ensemble.

L'amour est un jeu
Hasardeux
A péripéties.
Pour charmer, il veut,
Pour enjeu,
De la fantaisie,
Et l'danger d'être surpris
Donne aux baisers plus de prix.
Voilà comment, mes amis,
On fait l'amour à Paris !

(Après le chant, danse de la java par Marcel, madame Truchard et Lherbier. Adolphine tombée dans un fauteuil où elle s'est endormie.)

RIDEAU

ACTE III

Même décor qu'au premier acte.

SCÈNE PREMIÈRE

EUSÈBE, seul.

Il est assis devant le guéridon, encore chargé des bouteilles de champagne, et des verres dans lesquels ont bu, au premier acte, Adolphine, Pomerois et Lherbier. Attablé devant une tasse de chocolat, il trempe des biscottes d'une main, de l'autre, il examine le courrier, déposé sur la table à côté de la tasse.

EUSÈBE

Lettres d'affaires ?... sans intérêt... Les journaux : « Le Tamponnement du Train Bleu »... Ça y est !... Quoi ! ! ! Une mystification !... *(Il fait sauter la bande d'un journal et commence à le parcourir.)*... Celle-là est raide, par exemple ! *(Il lit.)* Un de nos confrères du soir a été victime, hier, d'une abominable mystification. Sur la foi d'un coup de téléphone d'un prétendu correspondant de la banlieue, il annonçait un grave accident de chemin de fer, survenu à proximité de Combes-la-Ville-Quincy, au train de luxe de la Côte d'Azur ! Cette nouvelle est de pure invention, et il n'y a eu, heureusement, aucun accident. L'auteur de cette criminelle information est un reporter, récemment congédié, qui a voulu se venger en téléphonant à son ancien journal une fausse nouvelle. Arrêté dans la nuit, il a fait des aveux complets ! » (*Parlé.*) Mince ! alors !... (*Coup de sonnette.*) V'là l'patron... Il va en faire une bouillotte, quand il saura qu'il n'y a pas eu d'accident ! (*Nouveau coup de sonnette.*) Minute, on y va ! quoi !... On y va ! Ce doit être le patron... il va en faire une bouillotte quand il saura qu'il n'y a pas d'accident !... (*Il sort et rentre presque aussitôt avec Lherbier. En coulisse :*) Tiens, c'est monsieur Lherbier ! Bonjour, monsieur Lherbier !

SCÈNE II

EUSÈBE, LHERBIER.

LHERBIER, *entrant de gauche.*

Vous savez la nouvelle ?

EUSÈBE

Nécessairement... Y a pas eu d'accident ?

LHERBIER

En effet, comment l'avez-vous appris ?

EUSÈBE

C'est sur les journaux ! Tenez ! Lisez ! (*Il lui tend le journal qu'il lisait.*)

LHERBIER, *après l'avoir parcouru.*

Déjà ! (*Lisant.*) Une mystification !...

EUSÈBE

Y a du vilain monde, tout de même !

LHERBIER

Enfin, nous voilà hors d'inquiétude !

EUSÈBE

J'étais pas inquiet !

LHERBIER

Vous... oh ! oui... Mais Pomerois ?... Il connaît le démenti ?...

EUSÈBE

J'en sais rien... j'ai pas vu !

LHERBIER

Il n'est pas rentré ?

EUSÈBE

Non !

LHERBIER, *regardant sa montre.*

Depuis le temps qu'il est parti !... Qu'est-ce qu'il peut faire ?...

EUSÈBE, *simplement.*

Il se sera arrêté chez une poule, nécessairement... Dites donc, à propos de poules, qu'est-ce que vous avez fait d'Adolphine ?

LHERBIER

Adolphine ?... Ah ! celle-là !... Qu'est-ce que ça peut vous faire ?

EUSÈBE

Eh bien ! c'est parce que... cette poule-là, à' m'plaît !

LHERBIER

Non !

EUSÈBE

Si !

LHERBIER

Eh bien ! elle est remontée dans sa chambre !

EUSÈBE

Je vas la sonner pour la faire descendre. Voyez-vous, m'sieur Lherbier, c'te môme-là m'a tapé dans l'œil et quand elle voudra elle m'aura !

LHERBIER

Vous en avez un toupet !

EUSÈBE

Dame ! Le chauffeur et la femme de chambre, c'est dans l'ordre, nécessairement... Y a des camarades qui ont de l'ambition... ils marchent avec les patronnes... Ça finit toujours mal !... Tenez, moi, j'ai eu un collègue qui a fait ça !... Il s'est envoyé sa patronne...

LHERBIER

Une femme bien ?...

EUSÈBE

Oh ! tu parles... Vous parlez... Une reine !

LHERBIER

Une reine !

EUSÈBE

Oui, Monsieur... C'est connu... une reine !... un nommé Ruy Blas...

LHERBIER

Oh !

EUSÈBE

Eh bien ! vous n'imaginez pas les embêtements qu'il a eus ; c'est bien simple, il n'a jamais pu se replacer !

SCÈNE III

LES MÊMES, ADOLPHINE.

ADOLPHINE, *de gauche, descendant milieu.*

Monsieur m'a sonné !

EUSÈBE

Non, c'est moi.

ADOLPHINE

Vous êtes saoul ?

LHERBIER

Non, il est amoureux de toi !

ADOLPHINE

De moi !

EUSÈBE

C'est comme j'avais l'honneur de le dire tout à l'heure à Monsieur... Adolphine, vous êtes tout à fait ma pointure. (*Il veut l'embrasser, elle s'esquive.*)

ADOLPHINE

Eh bien ! il ne me l'envoie pas dire !

LHERBIER, *haut.*

Eh ! là, voyez-vous ça ?

CHANT

EUSÈBE

I

Cet amour de femme de chambre,
Vrai de vrai,
Ell' me plaît !
Son corps qui frétille et se cambre,
C'est replet,
C'est complet !
J'aime ses yeux noirs, sa peau d'ambre
Ses deux seins,
Son bassin.
Crédié ! Pour cett' femme de chambre,
Je languis,
Je frémis,
Et chaque fois que je vous reverrai,
Tendrement, j'vous dirai :

Refrain.

C'est un' femm' comm' vous, mam'zell' qu'il me faudrait,
Pour fair' le bonheur de ma vie !
J'ai de votre peau la plus folle envie.

C'est un' femm' comm' vous, mam'zell' qu'il me faudrait.
Je suis un chauffeur à la page,
J'ai de l'avance à l'allumage.
C'est un' femm' comme vous qu'il me faudrait !

II

Avant de chauffer dans l'grand monde
J'ai conduit,
En taxi.
J'éprouvais une joie profonde
Chaque fois
Qu'un minois
De joli' femme brune ou blonde,
Me priait,
M'suppliait,
D'la conduire en un' seconde
Dans les bras
D'un beau gars,
Et moi, d'un p'tit air très malin,
J'lui lançais mon refrain :

Refrain.

C'est un' femm' comm' vous, Madam' qu'il me faudrait,
Pour fair' le bonheur de ma vie !
J'ai de votre peau la plus folle envie.
Laissez-vous tenter, vous n'aurez pas de regrets !
C'est un' femm' comm' vous, Madam' qu'il me faudrait.
Je suis un chauffeur à la page,
J'ai de l'avance à l'allumage.
C'est un' femm' comme vous qu'il me faudrait !

EUSÈBE, *à Adolphine, la regardant de près.*

Oh ! ma vie ! Ma vie !

LHERBIER, *lui frappant sur l'épaule.*

Hep ! Hep !

EUSÈBE

Pas libre ! J'vais relayer !

LHERBIER

Enfin, n'importe ! L'heure n'est pas aux marivaudages ancillaires !

ADOLPHINE

Dis donc ! Tâche d'être poli !

EUSÈBE

Il me semble, en effet, que Monsieur va un peu fort. Si on me traitait d'ancillaire, moi aussi, ça me vexerait !

LHERBIER

Alors, je retire ancillaire, n'en parlons plus, nous avons besoin de tout notre sang-froid !

ADOLPHINE

Mais rapport à quoi ?

EUSÈBE

Rapport à quoi ?

LHERBIER

Rapport à quoi ? Rapport à Pomerois dont l'absence insolite m'inquiète !

ADOLPHINE

Oh ! toi, tu as toujours les foies !

EUSÈBE

Oh ! Monsieur a la traquousse !

LHERBIER

Mais enfin, si madame Pomerois... qui ignore qu'il n'y a pas eu de catastrophe...

EUSÈBE

Vous en faites pas pour elle, elle s'y entend pour maquiller le compteur !

LHERBIER

Quoi ?

EUSÈBE

Ben, oui ! Elle sait y faire !

LHERBIER, *riant.*

Oh ! oui !... ce pauvre Pomerois !

ADOLPHINE

Oui, tu rigoles ! toi... C'est bien ça, les amis !... Eh ben ! moi, je vais te dire une chose ! toutes ces manigances, ça commence à me dégoûter !

EUSÈBE

Ça commence à nous dégoûter !

LHERBIER, *à Adolphine.*

Tu as des *principes ?*

EUSÈBE

Oui...

ADOLPHINE

Non !

EUSÈBE

Alors, *non ! on n'a pas de principes !*

ADOLPHINE

J'ai pas de principes ! mais j'aime pas servir chez un cocu, ça fait mauvais effet dans le quartier !

EUSÈBE

Oui, on est pas considéré chez les fournisseurs !

ADOLPHINE

Aussi, j'vais *me chercher une* autre place !

EUSÈBE

Mademoiselle, faites pas ça, si vous vous barrez, moi, je me crique !

LHERBIER

Une autre place ! Où ça ? Chez une poule de luxe !

EUSÈBE

Non, chez un coq... nécessairement, chez un coq... y a tout ce qu'il faut pour mettre la poule au pieu... au pieu... Eh bien ! vous n'y êtes pas ! Oh ! y comprend pas !... Vous avez une bougie encrassée ! Poule au pieu !... une poule au pot, quoi... C'est un *mot !... Non, mais...* où c'est-y que j'vais chercher tout ça ?

CHANT

ADOLPHINE

I

J'voudrais servir chez un célibataire
Au portefeuille assez costaud.
Un dans ton genre, avec un' bonn' caf'tière,
J'tiens pas à c'qu'il soit jeune et beau.
J'lui cuisin'rais des ragoûts aux épices,
J'lui bassin'rais son lit chaqu' soir.
S'il voulait décliner amours, délices,
J'y entrerais pour lui dir' bonsoir !

J's'rais gentille, adroite et prévenante,
J'aurais du tact et du doigté
J'remplacerais sa mère ou même sa tante.
A disposicion de usted !

Une bonn' à tout faire,
Qu'a du savoir-faire,
C'est une affaire !

LHERBIER

C'est moins exigeant
Qu'un' poule à diamants
Qui veut d'l'argent !

ADOLPHINE

Ell' vous fait des plats,
Et vous fait du plat,
C'est une combine !

EUSÈBE

Vous tient compagnie,
Lorsque l'on s'ennuie,
C'est une copine !

ADOLPHINE

Elle est très docile,
Elle est très habile,
A domicile !

LHERBIER

On l'a sous la main,
Quand on est en train,
L'soir et l'matin !

ADOLPHINE

Et si par hasard,
Ell' vous fait cornard,
Il n'y a pas d'pétard !

Ensemble.

Oui, vraiment, mon cher,
Un' bonn' à tout faire,
C'est une affaire !

ADOLPHINE

Dis donc, p'tit, des fois, t'aurais pas besoin d'une bonne à tout faire ?

LHERBIER

Nous en reparlerons...

ADOLPHINE

C'est ça, tu me laisses tomber ! Tant pis pour toi. Je me contenterai de Pomerois ! Je vais faire la couverture du patron... en rentrant, il sera bien content de trouver son lit tout prêt... avec une petite femme dedans...

EUSÈBE, *dans le fauteuil.*

Oh ! c'est désagréable !

LHERBIER

Adolphine !

ADOLPHINE

Zut ! (*Elle sort. On sonne.*)

LHERBIER

Voyons, Adolphine, Adolphine ! (*On sonne de nouveau.*) On a sonné !

EUSÈBE

Oh ! oui, on a sonné !

LHERBIER

Eh bien ! on a sonné ! Il va falloir que j'aille ouvrir !

EUSÈBE

Oh ! Monsieur, je le souffrirai pas... (*Il sort lentement.*)

LHERBIER

Ce doit être Pomerois... Oh ! le pauvre Pomerois !

EUSÈBE, *en coulisse.*

Oh ! oui, c'est Monsieur. Bonjour Monsieur ! Comment, c'est vous qui sonnez, Monsieur ? (*Pomerois entre, suivi de Eusèbe.*)

SCÈNE IV

LHERBIER, EUSÈBE, POMEROIS.

POMEROIS, *à Eusèbe, entrant.*

Oui, mon ami, c'est moi, j'étais tellement affolé hier soir, que j'ai oublié de prendre ma clef... (*Voyant Lherbier.*) Bonjour, mon vieux ! (*Il lui serre la main.*)

LHERBIER

Tu connais la nouvelle ?

POMEROIS

Oui, il n'y a pas eu d'accident !

LHERBIER

Comment le sais-tu ?

EUSÈBE, *à Pomerois.*

Oui, comment le sais-tu ?

POMEROIS

Eh bien ! dites donc, Eusèbe ?... Gardez vos distances... hein ?

EUSÈBE

Oh ! pardon, je voulais dire comment le savez vous ?

POMEROIS

Mais je vais te le dire ?

EUSÈBE

Eh bien ! dites donc, Monsieur...

POMEROIS

Ah ! oui, je vous demande pardon... (*A Lherbier.*) Voilà, je l'ai su par les journaux ! (*A Eusèbe.*) Tenez, Eusèbe, s'il vous plaît ! (*Lui passant son chapeau.*) Et j'ai trouvé chez la concierge deux télégrammes de ma femme, m'annonçant son arrivée à Laroche. (*Il donne le chapeau à Lherbier.*) Et le second, son retour pour neuf heures et demie. (*Lherbier tape sur le chapeau.*) Attention ! Non, mais qu'est-ce qu'ils ont après mon chapeau ?

LHERBIER

Alors, tu es rassuré ?

POMEROIS

A peu près, et bien content de me retrouver chez moi, après toutes ces émotions ! (*A Eusèbe.*) Vous voulez bien me prêter mon fauteuil, je vous le rendrai !

EUSÈBE, *se levant.*

Oh ! je vous demande pardon !

POMEROIS

Oh ! c'est un drame... figure-toi... (*Voit Eusèbe sur place.*) Eh bien ! Eusèbe, si vous avez quelque chose à faire, vous pouvez vous retirer ?

EUSÈBE

Non ! Non ! je n'ai rien à faire !

POMEROIS

Oh ! vous trouverez bien quelque chose, hein ?

EUSÈBE

Oh ! eh bien ! je vais réparer mon cône...

POMEROIS, *donnant son chapeau à Eusèbe.*

Eh bien, allez donc réparer votre cône... Tenez, en vous en allant, prenez mon chapeau !

EUSÈBE

Oui, parce que je vais vous expliquer... Quand mon cône est grippé, alors !... (*Il tape sur le chapeau.*)

POMEROIS, *reprenant vivement son chapeau.*

Assez... Assez... Qu'est ce qu'ils ont tous avec mon chapeau !...

EUSÈBE

Oh ! je vous demande pardon ! (*Sortie.*)

SCÈNE V

LHERBIER, POMEROIS.

LHERBIER

Enfin, tout est bien qui finit bien ! Te voilà tout à fait d'aplomb !

POMEROIS

Mais vanné, car j'ai passé la nuit en taxi à courir sur les pavés de Seine-et-Oise !

LHERBIER

Non !

POMEROIS

Je te dis ! Et tout cela, bien entendu, sans obtenir le plus petit renseignement !

LHERBIER

Dame ! Puisque la catastrophe était imaginée !

POMEROIS

J'ai été jusqu'à réveiller à son domicile le chef de cabinet du ministre des Travaux publics, un homme aimable et intelligent, d'ailleurs, qui nous fera, par la suite, une excellente relation ! Il faut se concilier-

les puissants du jour... Figure-toi que je l'ai tiré de son lit, où, entre parenthèses, il n'était pas seul !

LHERBIER

Il était couché avec une petite amie ?

POMEROIS, *éclatant de rire.*

Avec deux !

LHERBIER, *riant aussi.*

Bigre ! Ils ne s'embêtent pas les fonctionnaires de la troisième république !

POMEROIS

Crois-tu, hein ? Un simple chef de cabinet !... Alors le ministre, combien en a-t-il dans son lit ?

LHERBIER, *riant.*

Oh ! il refuse du monde !

POMEROIS

Il doit s'envoyer les mêmes.

LHERBIER

Et tu les as vues ?

POMEROIS

Qui ça ?

LHERBIER

Les deux tartines de cet homme-sandwich ?

POMEROIS

Elles cachaient leurs têtes sous les draps ! Mais j'ai deviné des formes suffisamment...

LHERBIER

Callypiges !

POMEROIS

Y en avait une surtout... celle qui était à ma droite ! Oh ! mon ami... comme ça, comme ça... ! Ah ! Dieu sait si j'en ai vu dans ma vie, ... mais comme celle-là... jamais... jamais j'ai vu ça !

LHERBIER

Jamais ? Oh !...

POMEROIS

Jamais !

LHERBIER

En somme, tu t'es rincé l'œil... ce devait être un aimable spectacle... Fragonard revu et complété par Pierre Louys !

POMEROIS

Eh ! je m'en fichais pas mal du spectacle ! Je ne pensais qu'à ma femme dont tant de kilomètres me séparaient !

LHERBIER, *riant sous cape.*

Oh !

POMEROIS

Tu as mal aux dents !

LHERBIER

Non, mais tu crois qu'il y avait tant de kilomètres que ça qui vous séparaient ?...

POMEROIS

Oui. Paris-Laroche... 155 kilomètres !

LHERBIER, *riant toujours sous cape.*

155 kilomètres, mon vieux Philippe ! Je crois que je n'ai plus rien à faire ici !

POMEROIS

Pourquoi ris-tu ?

LHERBIER

Pour rien !... et si ma présence ne te paraît pas indispensable ! (*Riant.*) Oh ! 155 kilomètres !

POMEROIS

Oui, 155 kilomètres !... Qu'est-ce qu'il y a ? Ce n'est pas que je t'aie assez vu, mais je tombe de sommeil... Je vais gagner mon lit et dormir tranquillement jusqu'au retour d'Irène.

LHERBIER

Si tu peux !

POMEROIS

Je l'espère bien... (*Lherbier rit.*) Pourquoi ris-tu ?

LHERBIER

Pour rien... 155 kilomètres...

POMEROIS

Oui, 155 kilomètres... Ça va bien ! Tu n'as pas vu Adolphine ?

LHERBIER, *embarrassé.*

Adolphine !

POMEROIS

Oui !

LHERBIER

Moi ! Non... je ne sais pas... nous t'avons attendu assez longtemps et puis...

POMEROIS

Oui, elle est allée se coucher et elle dort... du sommeil de l'innocence !

LHERBIER

Probable ! Alors, cher ami, à bientôt ! 155 kilomètres !...

POMEROIS

Qu'est-ce que tu as à rire ?

LHERBIER

155 kilomètres !

POMEROIS

A ce soir, tu dînes avec nous, n'est-ce pas ?... *(Sonnerie à la porte d'entrée.)* Tiens on sonne ! Ce doit être ma femme ! *(Entre Marcel, introduit par Eusèbe qui se retire.)*

SCÈNE VI

LES MÊMES, *puis* MARCEL.

MARCEL, *en coulisse.*

Non ! Non ! Inutile de m'annoncer !

POMEROIS

Non ce n'est pas ma femme. Comment c'est vous cher Monsieur ?

MARCEL

J'ai tenu à venir vous rassurer ! Il n'y a pas eu d'accident... il n'y en a jamais eu.

POMEROIS

Nous le savions par les journaux.

MARCEL

C'est vrai ! Les journaux vous ont renseignés comme ils m'ont renseigné moi-même.

POMEROIS

Après nous avoir terriblement inquiétés... semer ainsi l'angoisse dans Paris, dans la France entière, quel acte abominable !

MARCEL

C'est un crime ! Annoncer des accidents, imaginaires, comme s'il n'y en avait pas assez de réels !

POMEROIS

On a heureusement coupé les ailes à ce canard...

MARCEL

Certainement ! cette histoire m'a bouleversé... on était si tranquilles !

POMEROIS, *avec un coup de coude gaillard.*

Vous surtout !

MARCEL

Moi !

POMEROIS

Eh !... vous ne deviez pas vous embêter ! Hein... (*Il lui montre deux doigts. Montrant Lherbier.*) Une seule ne vous suffit pas !

MARCEL

Dame ! Pour bien se porter...

POMEROIS

Il faut un peu de variété !

MARCEL

Voilà !

CHANT

I

On deviendrait dingo,
Si, dans le conjungo,
Sa vie entière, l'on restait fidèle.
Toujours le même plat
Vous ruine l'estomac,
Et l'on se meurt d'être un époux modèle.
Pour bien s'porter,
Pour bien s'porter,
Faut un peu d'variété !
L'assaisonnement, les condiments,
Val'nt par leur nouveauté.
Oui, si l'on veut goûter d'autres délices,
Il faut d'abord choisir d'autres épices...
Pour bien s'porter,
Pour bien s'porter,
Faut un peu d'variété.

II

Une brune aux yeux bleus
A comblé tous vos vœux,
Alors, on rêve d' l'amour d'un' blonde.
Quand on fit ses choux gras
De plantureux appâts,
Un' maigre vous semble la plus bell' du monde.

Refrain.

Pour bien s'porter,
Etc...

III

Nos braves députés,
Avec agilité,

Changent, quand il le faut, leur fusil d'épaule.
Pour plaire à l'électeur
Ils prenn'nt, comme les acteurs,
Le masque rouge ou blanc, à tour de rôle.

Au refrain.

(Après le refrain, charleston dansé par Marcel.)

POMEROIS

Ah ! mon vieux Lherbier, si tu veux bien te porter tu n'as qu'à faire comme Monsieur !

LHERBIER

Monsieur ?

POMEROIS

Oh ! pardon... je ne vous ai pas présentés... mon vieil ami Jacques Lherbier de la Maison Lherbier, Malaigre et Cie.

MARCEL, *aimable.*

Je connais la maison...

POMEROIS

Monsieur Marcel Lacouture, chef du Cabinet du Ministre des Travaux Publics...

MARCEL, *désignant sa boutonnière ornée de ruban rouge.*

Hum ! Hum !

POMEROIS

Oh ! officier d'académie !

MARCEL

Non !

POMEROIS

Oh ! Christ du Portugal alors ?

MARCEL

Non !

POMEROIS

Le Nicham ?

MARCEL

Mais non !

POMEROIS

Alors, c'est là... la Légion d'Honneur !

MARCEL

Oui...

POMEROIS

Nom de nom... où avez-vous décroché ça ?

MARCEL

A l'exposition des arts décoratifs...

POMEROIS

Oui... il y avait un monde fou !

LHERBIER, *lui tendant la main.*

Très honoré Monsieur... (*A Eusèbe, entrant*). Qu'est-ce que c'est, Eusèbe ?...

MARCEL, *lâchant la main de Pomerois au moment où Eusèbe entre.*

Enchanté, cher Monsieur !

EUSÈBE, *prenant la main de Marcel.*

Oh ! bien, je vous demande pardon, non, c'est pour Monsieur !

MARCEL

Ah !

EUSÈBE

Enchanté !

MARCEL

Moi de même... merci ! Voulez-vous me présenter ?

POMEROIS

Monsieur Eusèbe, mon chauffeur. Qu'est-ce qu'il y a, Eusèbe ?

EUSÈBE

Si Monsieur veut venir !

POMEROIS

Où ça ?

EUSÈBE

Voir mon cône !

POMEROIS

Il est arrangé ?

EUSÈBE

Non, il est complètement bousillé !

POMEROIS

Oh ! c'est assommant ! Vous n'y touchez plus alors ! Bon Dieu n'y touchez pas. (*Il sort.*)

MARCEL, *à Lherbier.*

Il est parti ! J'étais un peu inquiet, et je suis venu par précaution ne sachant pas si Madame Truchard a pu rejoindre Irène !

LHERBIER

Moi-même, j'étais resté dans la même intention, pour éviter une collision possible entre les deux époux, qui aurait pu être beaucoup plus grave, que la collision de trains...

MARCEL

Voyons, quelle heure as-tu ?

LHERBIER

Moi, j'ai l'heure de la Tour Eiffel. (*Regardant sa montre.*) Il est neuf heures et demie.

MARCEL

Alors, cela fait dix heures moins le quart. Maintenant il n'y a plus rien à craindre... Madame Truchard a certainement prévenu Irène qu'il n'y avait pas de catastrophe et l'a ramenée chez moi !

LHERBIER

C'est certain, je crois que nous n'avons plus rien à faire ici ! (*Pomerois entre.*)

MARCEL, *à Pomerois.*

Eh ! bien ce cône, il est arrangé ?

POMEROIS

Oh ! ben oui, il a complètement déglingué la magnéto !

MARCEL

C'est un as ! Mais enfin, pourquoi le gardez-vous ?

POMEROIS

Je ne le garde pas !

MARCEL

Oh ! vous l'avez renvoyé !

POMEROIS

Non, c'est lui qui m'a donné ses huit jours !

MARCEL

Et maintenant, cher Monsieur, je m'excuse de vous quitter. On m'attend...

POMEROIS

Où ça ?

MARCEL

Chez moi !

POMEROIS, *d'un air malin.*

Hein ! Hein !... (*Lui tapant sur l'épaule.*) Oh ! oui, ... quand vous n'êtes pas là il leur manque quelque chose !

MARCEL

Vous allez me faire rougir...

POMEROIS

C'est déjà fait ! A bientôt. (*A ce moment on entend la porte d'entrée se refermer.*)

SCÈNE VII

POMEROIS, LHERBIER, MARCEL, IRÈNE.

IRÈNE, *en coulisse.*

Philippe ! Philippe !

POMEROIS

Ma femme, c'est ma femme ! (*Irène entre, elle s'est composé un visage et une tenue de circonstance, les yeux noircis avec quelque excès, la figure zébrée d'une empreinte de rouge, le chapeau de travers, une mèche de cheveux pendant sur son front. Elle a même poussé la conscience jusqu'à déchirer une manche de son corsage. Elle entre, pathétique, ouvre les bras et s'écrie tragiquement, avec le hoquet de Madame Louise Silvain :)*

IRÈNE

O Philippe ! Philippe !... sauvée !... je suis sauvée !

MARCEL

Nom de Dieu !

IRÈNE

Ah ! mon ami, dans tes bras... Philippe... pressemoi dans tes bras !... (*Elle dit, et se précipitant au cou de son mari, se laisse tomber défaillante sur sa poitrine. Cette entrée sensationnelle produit, dans l'assistance, un mouvement de stupeur. Pomerois ouvre des yeux ahuris, et s'efforce de se défendre contre les expansions de sa femme. Marcel et Lherbier sont affolés.*)

LHERBIER

Elle n'a pas lu les journaux !

MARCEL

Elle n'a pas vu Madame Truchard ! (*Mais sans prendre garde à eux, Irène a poursuivi sa scène pathétique.*)

IRÈNE

Ah ! Phi... Phi... Philippe ! Mon cher Phi... Phi... Philippe !...

POMEROIS

Qu'est-ce que tu as ?

IRÈNE

... J'ai bien cru que je ne te reverrais plus !... oui vivante, Philippe, je suis vivante !

MARCEL

Ah ! nom de Dieu, de Nom de Dieu !

IRÈNE

Echappée par miracle à la terrible catastrophe !

POMEROIS

Catastrophe !

LHERBIER, *consterné.*

Catastrophe !

MARCEL

Il faut la prévenir à tout prix !

IRÈNE, *redoublant d'expansion.*

Embrasse-moi, Philippe, embrasse-moi, bien fort et remercie la Providence... (*Elle couvre le visage de Pomerois de baisers retentissants.*)

POMEROIS

Calme-toi... calme-toi... nous ne sommes pas seuls !

IRÈNE, *apercevant Lherbier et Marcel, comme sortant d'un rêve.*

Quels sont ces gens ?

POMEROIS

Notre ami Lherbier...

IRÈNE

Et ce Monsieur, qui est-ce ?

POMEROIS

Monsieur Lacouture... le chef du Cabinet du Ministre des Travaux Publics !

MARCEL, *vivement.*

Venu pour tranquilliser votre mari et lui apprendre la vérité !

IRÈNE

La vérité, mais je vais vous la dire... il y a eu deux cents victimes !...

LHERBIER *et* MARCEL

N'en parlons pas !

MARCEL

Nom de Dieu de nom de Dieu !

POMEROIS

Deux cents victimes !

MARCEL

N'en parlez pas !...

IRÈNE

Si, j'en parlerai... Ah ! mon ami... quel carnage !... Quelle vision d'horreur !

LHERBIER

Mais, Madame, tout cela est dans votre imagination !

IRÈNE

Oui, dans mon imagination !

MARCEL

Madame, détrompez-vous !

LHERBIER, *bas.*

Je vous assure !

MARCEL

Madame, au nom du ciel !

POMEROIS, *qui a senti qu'on cherche à lui monter le coup, intervient avec décision et autorité.*

Messieurs, plus un mot... je vous prie... Ma femme a une catastrophe à me raconter... j'ai le droit de l'entendre... Vous...

MARCEL *et* LHERBIER

Nous ?

POMEROIS

Vous, vous avez le droit de vous taire !... ou de vous retirer, à votre choix !

MARCEL

Mais...

LHERBIER

Pourtant !

POMEROIS, *avec autorité.*

Plus un mot !... (*A Irène.*) Parle, mon amie, parle, je suis de tout cœur avec toi... cette horrible catastrophe...

MARCEL

Mais puisqu'il n'y a pas eu...

POMEROIS

Je vous en prie, Messieurs !

IRÈNE

Je vous en prie, Messieurs... Ah ! Philippe... tu me comprends, toi !

POMEROIS

Je te comprends, et je t'écoute... dis-moi tout !

IRÈNE

Je vais tout te dire...

MARCEL *et* LHERBIER, *faisant des signes dans le dos de Pomerois pour avertir Irène de ne rien dire.*

Hum ! Hum ! Hum !

POMEROIS, *se détournant, les signes s'arrêtent.*

Vous êtes enrhumés ?

MARCEL *et* LHERBIER

Oui... oui...

POMEROIS

Tous les deux !

MARCEL

Tous les deux.

POMEROIS

Oh ! comme c'est curieux !... Parle, ma chérie, parle !

IRÈNE

Ces affreux détails sont encore présents à mon esprit !... comme si j'y étais !...

POMEROIS

Raconte, ma chérie, raconte ! (*Marcel et Lherbier, intimidés par le ton de Pomerois, se sont reculés dans un angle de la pièce et semblent se concerter avec des gestes effarés.*)

MARCEL

Nom de Dieu... de nom de Dieu ! Elle va raconter la catastrophe !... (*Pendant tout le couplet d'Irène, Marcel et Lherbier s'efforcent de prévenir Irène par signes, lui faisant des gestes violents de dénégation, lui montrant le journal, levant les bras au ciel... Irène les voit et croit qu'ils lui reprochent de ne pas se montrer assez pathétique. A chaque geste, elle s'efforce de dramatiser davantage encore son récit.)*

IRÈNE, *chanté.*

Le train de luxe 2 bis,
Lequel part à 8 heures 10,
Avait démarré dar' dar',
Au signal du chef de gare.

MARCEL

Gare !

LHERBIER

Gare !

IRÈNE, *affrmative.*

Gare ! !

POMEROIS, *menaçant.*

Gare ! !

IRÈNE

Il avait passé Bercy,
Brunoy, Comb'la-Ville, Quincy,
Lorsqu'au kilomètre 26,
On entendit un grand bruit !

LHERBIER

Non !

MARCEL

Non !

IRÈNE

Mais si !
Sur une voie de garage,
Une erreur de l'aiguillage,
Avait dirigé le train,
Qui marchait à quatre-vingts !

LHERBIER, *à Marcel.*

Nous lui faisons signe en vain !

IRÈNE

Un convoi de marchandises,
A la même heure précise,

Y débouchait justement.
Ah ! quel horrible accident !

POMEROIS, *observant les mines atterrées des deux hommes.*

Ils sont d'mèch' c'est évident !

IRÈNE

Ah ! Messieurs,
C'est affreux !
Quelle vision lancinante !

Ensemble.

IRÈNE

J'en frémis !
J'en blémis !
Quel spectacle d'épouvante !
La catastrophe est complète !
Quand j'y pens' je perds la tête,
Un grand frisson m'envahit...
Quelle épouvantable nuit !

POMEROIS

Son récit
M'abrutit.
Oui, l'imposture est complète !
Je crois qu'on se paie ma tête !
Ma femm' tromp' son mari,
C'est certain, j'ai tout compris !

MARCEL *et* LHERBIER

Son récit
M'abrutit.
La catastrophe est complète !
Qu'est-c' qui nous tomb' sur la tête !
Cette fois-ci le mari,
Le mari a tout compris !

(L'ensemble Pomerois, Marcel et Lherbier peut être chanté après Irène, ou en même temps qu'elle. Irène interloquée par les signes de Marcel et Lherbier qu'elle ne comprend pas reprend son récit plus hésitante et finit par s'embrouiller.)

IRÈNE

Aussitôt télescopage,
Les deux fourgons de bagages
Gisaient sens dessus dessous,
Sur les rails et l'garde-fou.

MARCEL

Cass'cou !

LHERBIER

Casse'cou !

POMEROIS

Je suis coucou !

IRÈNE

Et des têtes affolées,
Dans cette nuit étoilée,
Au comble de la terreur,
Poussaient d'horribles clameurs !

POMEROIS

J'ai lu tout ça sauf erreur !

LHERBIER *et* MARCEL

Sur moi j'sens couler la sueur !

IRÈNE

Un gosse, en gilet de flanelle,
Appelait : Adèle ! Adèle !
Un vieillard, en ch'mis' de nuit,
Répétait : Pipi ! Pipi !

POMEROIS

Qu'est-ce qu'ell' dit ?

LHERBIER *et* MARCEL, *affolés.*

Ah ! qu'est-ce qu'ell' dit ?

IRÈNE

Une bonn' sœur cherchait son frère,
Un curé sa belle-mère,
Mais dans le secret espoir
De ne jamais la revoir !

POMEROIS

Qui trompe-t-on, je veux l'savoir !

IRÈNE

Ah ! Messieurs !
C'est affreux !
Quelle vision lancinante !

Ensemble.

IRÈNE

J'en frémis !
J'en blêmis !
Quel spectacle d'épouvante !
La catastrophe est complète,
Quand j'y pens' je perds la tête !
Un grand frisson m'envahit,
Et je sens que j'm'évanouis !

POMEROIS

Son récit
M'abrutit !
Quel spectacle d'épouvante,
Oui, l'imposture est complète,
Je crois qu'on se paie ma tête !
Ma femm' tromp' son mari,
C'est certain, j'ai tout compris !

LHERBIER *et* MARCEL

Son récit
M'abrutit !
Quel spectacle d'épouvante !
La catastrophe est complète,
Qu'est-c' qui nous tomb' sur la tête !
Cette fois-ci, le mari,
Le mari a tout compris !

(*A la fin du refrain, Irène tombe dans les bras de Pomerois.*)

IRÈNE, *se dégageant. Pomerois remonte un peu.* J'ai le vertige !... des sels ! (*A Marcel.*) Bien joué, hein ?

MARCEL, *l'éventant avec le journal.*

Il n'y a pas eu de catastrophe ! Lisez ce journal !

IRÈNE

Quoi ?

MARCEL

Tenez, mystification !

IRÈNE

Oh ! mystification !

POMEROIS, *sarcastique.*

Allons, je vois que ça va déjà mieux... nous allons pouvoir continuer cette intéressante conversation...

IRÈNE

Je suis si faible, mon ami...

POMEROIS

Non, non, tu n'es pas faible du tout... Je te trouve même très forte !

LHERBIER

Ça va mal !

MARCEL, *résolu.*

Tant pis ! jouons le tout pour le tout !... (*A Pomerois.*) Monsieur Pomerois, il faut éviter un malentendu tragique !

POMEROIS, *sarcastique et amer.*

Tragique ! Mais non ! pas du tout ! Je trouve cela au contraire infiniment comique !

MARCEL

Monsieur Pomerois, je vais commettre pour vous une faute grave, je vais trahir le secret professionnel... Dieu m'est témoin que j'ai tout fait pour éviter cet acte qui pèsera sur toute ma carrière de fonctionnaire jusqu'ici irréprochable ! Mais je dois, à tout prix, éclairer votre religion...

POMEROIS

Mais, Monsieur, tout cela est très clair, ce ne sont pas des phrases que j'attends, mais un aveu ! Avouez, femme coupable...

IRÈNE, *prête à faire l'aveu.*

Eh bien !... voici...

MARCEL, *précipitamment.*

Écoutez-moi bien, moniseur Pomerois, il y a eu réellement un accident !

IRÈNE

Eh bien, alors !

POMEROIS

Quoi, eh bien, alors ?...

IRÈNE

Je le sais bien, puisque j'y étais... (*Chantant.*) Le train de luxe 2 *bis*... Lequel part à huit heures dix...

POMEROIS, MARCEL *et* LHERBIER

Ah ! non !... non !... non !...

MARCEL, *à Irène.*

Veuillez me laisser parler, Madame !

POMEROIS

Laisse-le parler !

MARCEL

Oui, le récit, publié hier soir par ce journal était exact !

POMEROIS

Il y a eu, vraiment eu accident ?

IRÈNE

Puisque je me tue à te le dire... (*Elle veut chanter le train de luxe deux bis.*)

TOUS

Oh ! non ! non ! non !

POMEROIS

Mais vous vous moquez de moi, voyons ! Les démentis des journaux du matin !

IRÈNE, *surprise.*

Les démentis ?... (*Elle ouvre le journal et le parcourt en cachette.*)

MARCEL

Démentis officieux, Monsieur !... C'est le ministère qui les a envoyés aux journaux !

POMEROIS, *à part.*

Le ministère !

LHERBIER

Il est très fort !

MARCEL

Vous n'avez pas été sans remarquer que, depuis quelque temps, les trains mettent une fâcheuse obstination à dérailler et à s'entrechoquer, sans raison apparente ?... Cette tendance regrettable est de nature à semer l'alarme, parmi les voyageurs... Nous avons résolu de tenir les accidents pour nuls et non avenus... D'accord avec les journaux, nous faisons le silence !

LHERBIER

Parbleu ! Tout le monde le sait... Il y a des accidents tous les jours !... Si on les publiait dans les journaux, il n'y aurait plus de place pour autre chose !

POMEROIS

Mais alors, vous trompez le public ?

MARCEL

Nous agissons dans l'intérêt supérieur de la collectivité. Ce qui est déplorable, c'est moins l'accident en lui-même, que l'état d'esprit qu'il crée... Ne pouvant supprimer les accidents, nous supprimons l'état d'esprit !

LHERBIER

C'est de la bonne politique !

MARCEL

N'est-ce pas ? C'est de la bonne politique !

POMEROIS

Eh bien, franchement, j'aime mieux ça !... J'ai un poids de moins... et moi qui étais sur le point de te soupçonner ! Me pardonneras-tu jamais ? (*Il pleure.*)

IRÈNE, *avec mélancolie.*

Ah ! mon pauvre Philippe, ce n'est pas la première fois que je suis l'objet de tes injustes soupçons !

MARCEL

Allons, le malentendu est dissipé, n'en parlons plus et embrassez votre chère femme si heureusement retrouvée. (*Irène tend ses lèvres à son époux.*)

POMEROIS

Je suis heureux, oh ! ma femme, ma chère femme ! je suis vraiment très heureux ! Et quand je pense que j'ai soupçonné cette créature modèle, cet ange du foyer ! (*Réfléchissant.*) Mais sapristi ! j'oubliais... Et tes télégrammes ?

IRÈNE

Mes télégrammes !

MARCEL, *atterré.*

Nom de Dieu !

LHERBIER

Patatras !

IRÈNE

Je n'y pensais plus... (*A Pomerois, d'une voix enfantine.*) Quels télégrammes, mon ami ?

POMEROIS, *de nouveau soupçonneux.*

Pendant que tu gisais sans connaissance sur le ballast, au kilomètre 26, j'ai reçu deux télégrammes de Laroche, cent cinquante-cinq kilomètres. (*A Lherbier.*) Ris donc ! Ris donc !

IRÈNE

Deux télégrammes !

POMEROIS

Portant ta signature, je vais t'en donner lecture. Premier télégramme : « Bien arrivée Laroche, trouvé chambre confortable, télégraphierai heure train retour. Embrasse. Irène. »

IRÈNE, *embarrassée.*

Irène ?

POMEROIS

Deuxième télégramme : (*Lisant.*) « Prendrai rapide huit heures quarante-sept, serai Paris onze heures !... Baisers. » (*Parlé.*) Voilà qui est net... Qu'en penses-tu ?

IRÈNE *bafouille.*

Je... je... voilà, quand...

MARCEL

Cela peut s'expliquer par une erreur de la poste, le sabotage...

LHERBIER

Mystification, farce de mauvais goût !

POMEROIS

Je crois, en effet, à une farce de mauvais goût, mais qui sera tirée au clair, je vous le jure... (*Coup de sonnette.*)

TOUS

Ah ! on a sonné !

POMEROIS

Ah ! oui, on a sonné !

LHERBIER, *consterné.*

Une nouvelle tuile !

EUSÈBE, *entrant.*

C'est un télégramme !

IRÈNE

Mon troisième télégramme !

POMEROIS *s'aperçoit qu'Eusèbe reste à regarder.*

Qu'est-ce que vous attendez, mon ami ?

EUSÈBE

Rien... rien de grave !

POMEROIS

Je ne sais pas, je ne l'ai pas encore ouvert !

EUSÈBE

Non, mais je peux pas voir ces trucs-là ! Ça me donne toujours un coup, là ! (*Il montre son cœur.*) Ah !...

POMEROIS

Oui, ça va bien, laissez-nous ! Eh bien ! mais, ce n'est pas deux télégrammes, c'est trois télégrammes, voici le troisième, je vais t'en donner lecture !

IRÈNE, *prenant le télégramme.*

Inutile ; puisque tu veux tout savoir ! C'est moi qui t'ai envoyé ce télégramme !

POMEROIS, *riant.*

Oh ! oh ! oh !

IRÈNE

Je pourrais nier...

POMEROIS

Oh !...

IRÈNE

Ce n'est pas mon écriture... Mais je ne sais pas mentir ! (*Plastronnant soudain.*) « Rapide manqué, partirai express dix heures trente-cinq, serai dans tes bras douze heures cinquante-neuf. Tendresses. Irène. »

POMEROIS

En effet !... que signifie ?...

IRÈNE

Je vais vous le dire, arrière, mari félon !...

POMEROIS

Ne m'appelle pas comme ça, tu as l'air d'appeler la bonne !

IRÈNE

Excusez-moi, messieurs, de vous rendre témoins... d'une scène de ménage, mais il est bon que, de temps à autre, les maris coupables soient confondus en public. (*A Pomerois.*) Assez de mensonges, Monsieur !

POMEROIS

Oui, Madame, assez de mensonges ! M'expliqueras-tu ?

IRÈNE

Vous n'avez pas encore compris ?... C'est pourtant fort simple ! Depuis longtemps, je soupçonnais vos infidélités, mon départ pour vous surprendre, le coup classique du mari soupçonneux... cette fois, il a servi à la femme outragée !

POMEROIS

Tu oses m'accuser, moi !... Moi qui ai passé une nuit atroce, à courir sur les pavés de Seine-et-Oise !

IRÈNE

Vous appelez ça courir ?... Nous appelons ça marcher, Monsieur !... à votre âge... Et de quelle façon crapuleuse. Voyez donc cette table encore chargée des reliefs de votre orgie nocturne ! Vous devriez rougir, Monsieur !

POMEROIS

Irène !

IRÈNE

Il n'y a plus l'Irène !

POMEROIS

Je t'ai dit la vérité, toute la vérité, rien que la vérité !

IRÈNE

Toute la vérité ! Et Adolphine ?

POMEROIS

Adolphine ?

IRÈNE

Oui, Adolphine, la femme de chambre !

POMEROIS

Adolphine, alors, tu crois que moi... je suis... je suis coupable... avec Adolphine... Moi alors, vous entendez, Messieurs... avec cette fille souillon... Ah ! oh !... Adolphine ?... (*Il crie.*) Oh ! Adolphine !

ADOLPHINE, *entrant en pyjama.*

Tu m'appelles, chéri ?

POMEROIS

Non de nom ! foutez-moi le camp, vous !

IRÈNE

Oh ! oserez-vous nier encore ?

POMEROIS

Les apparences sont encore contre moi, mais je suis innocent...

IRÈNE

Assez ! Votre inconduite éclate à tous les yeux. Il y a quelque temps déjà que j'étais renseignée sur votre compte... (*Sarcastique.*) Monsieur est un tempérament volcanique... C'est de la lave qui coule dans ses veines... Ses dactylos... Allez, hop !... Ses clientes... Allez, hop !... Ses femmes de chambre... Allez, hop !... Toutes... toutes... il faut qu'elles y passent !

POMEROIS

Irène, je te jure !...

IRÈNE

Taisez-vous et reconnaissez vos torts !

POMEROIS

Je les reconnais.

IRÈNE

A ce prix seulement, je serai assez bonne pour vous pardonner.

POMEROIS

Tu dis ça, mais tu ne pourras jamais oublier mes soupçons, injurieux !

IRÈNE

J'essaierai. Il faut de l'indulgence. Les hommes sont tous comme ça.

CHANT

I

Lorsqu'en rentrant, votre mari vous dit :
Où es-tu allé c't'après-midi ?
Vous répondez, la plupart du temps :
J'ai fait un tour au Louvre, au Printemps.
Quelquefois, en effet, c'est exact.
Mais voilà qu'alors, manquant de tact,
L'époux méfiant, d'une voix obstinée,
Veut des détails sur l'emploi d'vot' journée,
Il vous cuisin' la mine menaçante
Et cependant vous êtes innocente !

Refrain.

Soupçonneux, menteurs, querelleurs,
Avantageux et fats,
Vantards, prétentieux et bluffeurs,
Les hommes sont tous comm'ça !
Ils s'figurent que les femm's tomb' ttout's dans leurs bras,
Ils veul'nt bien nous tromper mais qu'on n'les tromp,
Y en d'gentils, mais pas des tas, [pas...
Presque tous sont comme ça !

II

Oui, mais, parfois, vous avez vraiment
Passé quelques heures chez votre amant
Et cependant, phénomène curieux,
Votre mari n'a pas l'air furieux.
S'il vous demande d'où vous venez,
Vous le menez par le bout du nez,
Vous affirmez d'une voix enfantine :
« J'ai pris le thé chez la tante Ernestine ! »
Et, le voyant paisible et rassuré,
Vous concluez : « Demain je r'commencerai... »

Refrain.

POMEROIS, *allant sonner.*

Alors, tu me pardonnes, tout est oublié ?

IRÈNE

Tout est oublié !

ADOLPHINE, *rentrant.*

Monsieur a sonné ?

POMEROIS

Adolphine, je vous chasse !

IRÈNE

Et moi, je vous garde... Je lui pardonne aussi ; je veux la remettre dans le droit chemin.

ADOLPHINE

Oh ! merci, Madame, je me mettrai au lit... je veux dire au feu pour Madame !

EUSÈBE, *entrant.*

Monsieur est servi !

POMEROIS

Ah ! ça, vous pouvez le dire !

EUSÈBE

Monsieur, je suis heureux de vous dire qu'ayant réparé mon cône, je reprends mes huit jours !

POMEROIS

Merci, mon brave Eusèbe ! (*Pomerois lui donne la main.*)

EUSÈBE

Oh ! Monsieur, ce n'est pas votre main que je voudrais, mais celle de mademoiselle Adolphine !

IRÈNE

Je vous la donne, mon enfant !

EUSÈBE

Merci, maman !

MARCEL

Je suis ravi de voir que tout s'arrange, et j'espère que vous me ferez l'honneur de me compter parmi vos amis ?...

POMEROIS

J'allais vous le proposer... Eh bien, je crois que nous n'avons plus rien à vous dire...

IRÈNE

Si, le couplet final.

TOUS

C't'un public comme vous chaq'soir qu'il nous faudrait,
Pour fair notre bonheur dans la vie.

IRÈNE

D'vous embrasser tous nous avons l'envie,

ADOLPHINE

Laissez-vous tenter, vous n'aurez pas de regrets !

TOUS

C't'un public comme vous chaque soir qu'il nous faudrait.

MARCEL *et* LHERBIER

Merci beaucoup, Messieurs Mesdames,
Et faites-nous de la réclame !

TOUS

Si vous êtes contents et satisfaits !

EUSÈBE

Adèle, Adèle, t'en va pas, attends-moi...

L'ORCHESTRE

Où ça ?

TOUS

Va m'attendre autour de l'obélisque,
Dis-moi ? Qu'est-ce que tu risques !
Si j'viens pas, tu l'verras !
C'est très gai la plac' de la Concorde

Tout Paris y déborde,
C'est un vrai Niagara.
Tu pourras, si tu as un peu de veine,
Voir Citroën-ne
Rev'nant du Sahara.
Va m'attendre autour de l'obélisque,
Dis-moi ? Qu'est-ce que tu risques !
Si j'viens pas, tu l'verras !

RIDEAU

E. GREVIN — IMPRIMERIE DE LAGNY — 1928.

A LA MÊME LIBRAIRIE

CH. A. ABADIE & R. DE CESSE

Les Nouveaux Riches, comédie en 3 actes. . . . . 5 »

CHARLES MÉRÉ

Les Conquérants, pièce en 3 actes. 7 »
La Flamme, pièce en 4 actes . . 6 »
Une Nuit au bouge, drame en 1 a. 4 50
Le Marquis de Sade. . . . . . . 6 »
Le plaisir, pièce en 4 actes. . . . 9 »
Le Lit nuptial, pièce en 4 actes. . 7 »

ANDRÉ BISSON

La Recrue, comédie en 1 acte . . 4 »
Le Rosaire, p. en 3 a. et 4 tabl.. 7 »

ALBERT GUINON

Décadence, comédie en 4 actes. . 9 »
Le Partage, pièce en 3 actes . . 9 »
Seul, comédie en 2 actes . . . . . 9 »
Le Bonheur, comédie en 3 actes . 6 »

MAURICE MAGRE

Arlequin, com. en 3 a,, et 2 rêves en vers . . . . 10 »

JACQUES DEVAL

Dans sa candeur naïve, comédie en 3 actes. . . . . 12 »
La Rose de Septembre, com en 3 a. 9 »

ROBERT DE FLERS & G. A. DE CAILLAVET

L'Amour veille, comédie en 4 a. . . 10 »
L'Ange du Foyer, comédie en 3 a. 6 »
Le Cœur a ses raisons, comédie en 1 acte . . . . 4 »
La Chance du Mari, comédie en 1 acte . . . . 4 »
Papa, comédie en 3 actes . . . . 6 »

MIGUEL ZAMACOÏS

Les Bouffons, c. en 4 actes. . . . 6 50
Deux femmes et un téléphone, comédie en 1 acte 3 50
Le Passage de Vénus, pièce en 1 acte en vers 3 50
Seigneur Polichinelle, p. en 4 a. en vers. . . . . 9 »

ALFRED SAVOIR

Banco! com. en 3 actes . . . . . 6 »
La Huitième femme de Barbe bleue, com. en 3 actes. . . . . 6 »

G. FEYDEAU & R. PETER

Je ne trompe pas mon mari, com. en 3 actes . . . . 9 »

ÉDOUARD BOURDET

L'Homme enchaîné, com. en 3 a. 6 »
La Prisonnière, pièce en 3 actes . 9 »

ARMONT & GERBIDON

L'École des Cocottes, com. en 3 a. 9 »
Souris d'Hôtel, comédie en 4 actes. 7 50
Un Chien qui rapporte, conte de fées en 4 actes et 9 tableaux . . 9 »

LOUIS VERNEUIL

Daniel, pièce en 4 actes . . . . . 7 »
L'Amant de cœur, comédie en 3 a. 6 »
Pour avoir Adrienne, comédie en 3 actes . . . . 6 »
Le Traité d'Auteuil, comédie en 3 actes . . . . 7 »
Mademoiselle ma mère comédie en 3 actes . . . . 9 »
La Jeune Fille au bain, comédie en 1 acte . . . . 4 »
L'Inconnu, pièce en 4 actes. . . . 6 »
Double Emploi, comédie en 1 acte. 4 »
Régine Armand, pièce en 4 a. . 7 »
Un Jeune Ménage, c. en 3 a. . . 6 »
La Pomme, comédie en 3 actes. . 6 »
La Joie d'aimer, pièce en 4 actes. 7 »

GEORGES BERR et LOUIS VERNEUIL

Monsieur Beverley, pièce en 4 actes. 7 »
La Charrette anglaise, comédie en 3 actes . . . . 6 »
Mon Œuvre!..., comédie en 3 actes. 9 »
Azaïs, comédie en 3 actes 7 50

PIERRE FRONDAIE

L'Insoumise, p. en 4 a. . . . . . 9 »
L'Appassionata, p. en 4 a. . . . 9 »
La Bataille, tr. en 3 actes . . . 9 »
La Maison Cernée, p. en 4 a. . 9 »

TRISTAN BERNARD

L'Anglais tel qu'on le parle, comédie en 1 acte . . . . 4 »
Les Coteaux du Médoc, comédie en 1 acte. . . . . 4 »
Le Danseur inconnu, comédie en 3 actes. . . . . 6 »
Monsieur Codomat, c. en 3 a. . 6 »
Le Poulailler, comédie en 3 actes. 6 »

PIERRE WOLFF

Les Ailes brisées, pièce en 3 actes. 9 »
Le Cadre, comédie en 3 actes. . . 6 »
Le Secret de polichinelle, comédie en 3 actes. . . . . 9 »
Les Marionnettes, comédie en 4 actes. . . . . 9 »

ALFRED MACHARD

Devant la loge de la concierge, recueil de 6 pièces. . . . . . . 9 »

LEOPOLD MARCHAND

Mon gosse de père, com. en 3 a. . 7 »
Nous ne sommes plus des enfants, comédie en 3 actes. . . . . . . 9 »

COLETTE & L. MARCHAND

Chéri, pièce en 4 actes. . . . . . 9 »

ALEXANDRE BISSON

Les Apaches, com.-vaud. en 3 actes. 6 »
La Femme X.... pièce en 5 actes . 6 »
Le Coup du Berger, vaudeville en 3 actes. . . . . 6 »

www.ingramcontent.com/pod-product-compliance
Ingram Content Group UK Ltd.
Pitfield, Milton Keynes, MK11 3LW, UK
UKHW022110260726
13993UKWH00001B/427

9 782329 201702